Classiques BL

Collection dirigée par Michel Descotes
Jean Jordy et Gérard Langlade

LES MÉTAMORPHOSES

OVIDE

Traduction et activités
Marie-José Fourtanier

BERTRAND-LACOSTE
36 rue Saint-Germain-l'Auxerrois - 75001 PARIS

SOMMAIRE

Avant-propos

Première partie : **textes extraits des *Métamorphoses***

Texte I : **Les quatre âges de l'humanité** 5
Texte II : **Le déluge** 7
Texte III : **Le mythe de Deucalion et Pyrrha** 8
Texte IV : **Phaéton et le char du Soleil** 11
Texte V : **La geste de Persée** 17
Texte VI : **Narcisse et la connaissance de soi** 22
Texte VII : **Le vol d'Icare** 24
Texte VIII : **Histoire de Pygmalion** 26
Texte IX : **Atalante et Hippomène** 28
Texte X : P**omone, la déesse des vergers** 32

Deuxième partie : **Activités sur les textes**

La Création du monde :
Texte I : **Les quatre âges de l'humanité** 35
Texte II : **Le déluge** 37
Texte III : **Le mythe de Deucalion et Pyrrha** 38

Des légendes cosmiques :
Texte IV : **Phaéton et le char du Soleil** 42
Texte V : **La geste de Persée** 45

Les mythes de la connaissance :
Texte VI : **Narcisse et la connaissance de soi** 53
Texte VII : **Le vol d'Icare** 56

Des histoires d'amour :
Texte VIII : **Histoire de Pygmalion** 59
Texte IX : **Atalante et Hippomène** 61
Texte X : P**omone, la déesse des vergers** 63

AVANT-PROPOS

La lecture des *Métamorphoses* d'Ovide entraîne le lecteur dans un univers merveilleux, peuplé de dieux et de déesses, de géants et de monstres marins, à travers des aventures héroïques et de touchantes histoires d'amour. Rédigée entre 2 et 8 après J.-C., cette œuvre du poète latin Ovide constitue un bilan de la mythologie antique, de ses croyances et de ses légendes, dans les années mêmes où, face au paganisme, apparaît et se développe le christianisme. C'est dans ce réservoir de mythes sans cesse réactivés qu'ont largement puisé la littérature et l'art occidentaux, du Moyen Age à nos jours. Lire et étudier des récits extraits des *Métamorphoses* familiarisent donc tout lecteur avec les mythes, les images et les personnages des textes littéraires et en permet, par conséquent, un accès plus aisé.

Mais dans une œuvre immense, composée de quinze livres, de douze mille vers et racontant plus de deux cents légendes, il est nécessaire de sélectionner quelques récits représentatifs. Dans un premier temps, il s'agit de lire des contes merveilleux en rapport avec les grands mythes de l'humanité tels que l'Age d'or, le Déluge et le rétablissement des hommes sur la Terre grâce à l'action de deux justes, Deucalion et Pyrrha.

Une deuxième étape s'attachera à la lecture et à l'étude de légendes qui mettent en scène deux jeunes héros : ce sont les mythes de Phaéton, malheureux conducteur du char du Soleil, et de Persée, le vainqueur de la terrifiante Méduse.

Dans une troisième étape, nous aborderons les mythes de la connaissance à la fois de soi-même et du monde, avec les légendes de Narcisse et d'Icare.

Enfin, les *Métamorphoses* sont tissées de nombreuses histoires d'amour, sentiment qui apparaît comme un moteur puissant du récit, facteur tour à tour d'équilibre et de déséquilibre dans les histoires de Pygmalion, d'Atalante ou de la nymphe Pomone.

PREMIÈRE PARTIE

TEXTE I : Les quatre âges de l'humanité
(Livre I, vers 89-150)

D'abord ce fut l'âge d'or ; naturellement, sans loi, sans aucun justicier, régnaient la loyauté et le droit. Le châtiment et la crainte n'existaient pas. On ne lisait pas, gravés et affichés sur des tablettes d'airain, les règlements écrits en termes menaçants. La foule suppliante ne redoutait pas le visage de son juge ; sans justicier, on était en sécurité. Le pin n'était pas encore abattu sur ses montagnes pour descendre jusqu'aux ondes limpides et aller visiter des terres étrangères ; les mortels ne connaissaient d'autre rivage que les leurs. Des fossés profonds n'entouraient pas encore des places fortes ; il n'existait ni trompette d'airain rigide, ni cor incurvé, ni casques, ni épées. Sans avoir besoin d'armée, les nations en sécurité passaient leur vie dans de doux moments de loisir. La terre, elle aussi, libre de toute charge, épargnée de la bêche et sans être blessée par la charrue, donnait tout d'elle-même. Satisfaits des nourritures produites sans effort, les hommes cueillaient les fruits de l'arbousier et les fraises des montagnes, les cornouilles et les mûres pendant aux buissons de ronces, et les glands tombés de l'arbre largement déployé de Jupiter. Le printemps était éternel et les paisibles zéphyrs caressaient de leurs souffles tièdes les fleurs nées sans semence. Sans avoir été labourée, la terre portait des moissons et sans avoir été entretenu, le champ blanchissait de lourds épis. Des fleuves de lait, des fleuves de nectar coulaient et le miel blond tombait goutte à goutte de l'yeuse verdoyante.

Ensuite, quand Saturne eut été envoyé dans le Tartare ténébreux, le monde fut sous le règne de Jupiter. Vint alors la race d'argent, plus mauvaise que celle de l'âge d'or, plus précieuse que celle de l'âge de bronze jaunâtre. Jupiter réduisit la durée de l'ancien printemps et, avec l'hiver, l'été, l'automne incertain et le bref printemps, il régla l'année en quatre saisons. Alors, pour la première fois, l'air brûlé de chaleurs torrides s'embrasa et la glace figée par les vents resta suspendue. Alors, pour la première fois, les hommes entrèrent dans des maisons ; ces maisons, ce furent des grottes, des feuillages épais et des branches liées par de l'écorce. Alors, pour la première fois, les semences de Cérès furent enfouies dans de longs sillons et, sous le poids du joug, gémirent les jeunes taureaux.

Mosaïque de Cherchell représentant les travaux des champs.
Musée archéologique de Cherchell. © Roger-Viollet.

A cet âge, succéda une troisième race, la race de bronze, d'une nature plus sauvage et plus prompte aux terribles combats, pas encore criminelle cependant.

C'est à la dureté du fer qu'appartient la dernière ; avec l'instauration de cet âge d'un métal plus vil, toutes sortes de crimes surgirent aussitôt. Finies alors la pudeur, la vérité et la loyauté ! A leur place, s'installèrent la fraude, la ruse et les pièges, la violence et l'amour criminel de la possession. Le marin confia ses voiles aux vents qu'il ne connaissait pas bien encore. Ce qui s'était longtemps dressé au sommet des montagnes, devenu carène de navire, bondit sur les flots inconnus. Le sol qui autrefois appartenait à tous, comme l'air et la lumière du soleil, fut marqué de longues limites par l'arpenteur soupçonneux. Non seulement on exigea du sol fertile moissons et aliments comme un dû, mais on pénétra jusqu'aux entrailles de la terre : les richesses qu'elle gardait enfouies, cachées près des ombres du Styx, lui furent arrachées, pour exciter nos maux. Bientôt le fer malfaisant et l'or, plus malfaisant encore que le fer, apparurent, et avec eux, apparut la guerre, qui combat avec l'un, avec l'autre, et qui, de sa main sanglante, brandit des armes retentissantes. On vit de pillage. L'hôte n'est plus sûr de son hôte, ni le beau-père de son gendre. L'entente entre frères même devient rare. Le mari prépare la mort de son épouse, la femme celle de son époux. De terrifiantes belles-mères mélangent de livides poisons. Le fils s'interroge avant l'heure sur l'âge de son père. La piété gît à terre, vaincue, et la vierge Astrée, la dernière des dieux, abandonne la terre trempée de sang.

TEXTE II : **Le Déluge**

(Livre I, vers 291-312)

Déjà la mer et la terre n'avaient plus aucune différence : tout était océan. Il n'y avait même plus de rivages. Un homme prend possession d'une colline ; un autre s'assied dans une barque courbe et manœuvre les rames là où autrefois il labourait. Celui-là navigue au-dessus des moissons ou sur le faîte d'une ferme submergée. Celui-ci prend un poisson au sommet d'un ormeau. L'ancre est jetée par hasard dans un pré verdoyant, les carènes creuses écrasent les vignes sous leur poids. A l'endroit même où les chèvres minces broutaient l'herbe, reposent à présent des phoques informes. Les Néréides admirent des jardins, des villes, des maisons sous l'eau. Les dauphins occupent les forêts : ils heurtent les hautes branches et frappent les chênes ondoyants. Le loup nage au milieu des brebis, l'onde charrie des lions au poil fauve, elle charrie des tigres. Malgré sa foudroyante puissance, le sanglier est emporté par les flots, tout comme le cerf que la rapidité de ses pattes ne peut sauver. Après avoir longtemps cherché des terres où se poser, l'oiseau volant de-çà de-là, les ailes épuisées, tombe dans la mer. L'immense débordement de l'océan recouvre les collines ; des flots nouveaux frappent le sommet des montagnes. La majorité des hommes est entraînée par l'onde ; ceux qu'elle a épargnés sont vaincus par le manque de nourriture.

TEXTE III : **Le mythe de Deucalion et Pyrrha**

(Livre I, vers 316-415)

En ce lieu, une montagne escarpée atteint les astres de sa double cime : son nom est le Parnasse, son sommet dépasse les nuages. C'est là — les eaux avaient recouvert tout le reste — que, transporté sur une petite barque, aborda Deucalion en compagnie de son épouse. Tous deux se mirent à prier les nymphes coryciennes, divinités de la montagne, et Thémis qui prédisait alors l'avenir en rendant des oracles. Nul homme n'était meilleur que Deucalion, ni plus épris de justice, et nulle plus que sa femme n'avait la crainte des dieux. Quand Jupiter voit l'univers submergé de marais liquides, quand il voit que de tant de milliers d'hommes un seul a survécu, que de tant de milliers de femmes une seule a survécu, — tous les deux, innocents, tous les deux, adorateurs de la divinité —, il disperse les nuées. Une fois les brouillards chassés par l'aquilon, il montre la terre au ciel et le ciel à la terre. Rien ne demeure de la fureur de la mer. Après avoir déposé son trident, le seigneur de l'océan apaise les eaux. Pour cela, il appelle Triton dont le corps azuré se dresse au-dessus des profondeurs, les épaules couvertes de pourpres marines. Il lui ordonne de souffler de sa conque sonore et de rappeler par ce signal les flots et les fleuves. Triton saisit sa trompe creuse qui s'enroule et s'élargit depuis le bas de sa spirale, sa trompe qui, dès qu'elle est animée de son souffle au milieu de l'océan, remplit de ses sonorités les rivages étendus des deux côtés de la course de Phébus. Lorsque le dieu à la barbe ruisselante la porte à sa bouche et sonne l'ordre retentissant de la retraite, toutes les ondes de la terre et de la mer l'entendent et sont ainsi maîtrisées. A présent, la mer a des rivages. Les cours d'eau gonflés rentrent dans leur lit. Le niveau des fleuves baissent et l'on voit sortir des collines. Le sol surgit. Ses parties émergées s'accroissent, tandis que les ondes décroissent. Après de longs jours, les forêts montrent leurs cimes dénudées et gardent sur leur feuillage des restes de limon.

L'univers est restauré ; mais en le voyant vide, formé de terres dépeuplées, en proie à un profond silence, Deucalion en pleurs s'adresse ainsi à Pyrrha : « O ma sœur, ô mon épouse, toi qui seule restes de toutes les femmes, toi à qui m'ont uni une famille commune et l'origine fraternelle de nos pères, puis le mariage, aujourd'hui les mêmes dangers nous unissent. De toutes les terres que voient le couchant et le levant, nous sommes à nous deux toute la population. L'océan s'est emparé de tous les autres. Maintenant même, notre vie n'est pas encore totalement assurée. Les nuages effraient encore mon âme. Quel serait aujourd'hui, malheureuse, ton état d'esprit, si sans moi tu avais été arrachée aux destins ? Comment seule pourrais-tu supporter ta terreur ? Qui consolerait tes douleurs ? Quant à moi, crois-moi, si l'océan t'avait engloutie, je te suivrais, ô mon épouse, et l'océan m'engloutirait moi aussi. Ah! si je pouvais faire revivre des peuples avec l'art de mon père et insuffler des âmes dans de la terre façonnée! Aujourd'hui, la race mortelle subsiste en nous deux, ainsi l'ont décidé les dieux, et nous restons les uniques exemplaires de l'humanité. »

Égée consultant Thémis à Delphes,
musée de Berlin,
© Arthephot/BPK.

A ces mots, il se remet à pleurer. Tous les deux décident de prier la puissance céleste et de chercher du secours grâce à l'oracle sacré. Sans retard, ils vont ensemble jusqu'aux eaux du Céphise, elles ne sont pas tout à fait limpides encore, mais elles commencent à s'assécher sur leur terrain habituel. Alors, après avoir versé sur leurs vêtements et sur leur tête les liquides des libations, ils dirigent leurs pas vers le sanctuaire de la sainte déesse : son faîte est blanchi par une mousse indigne et ses autels se tiennent debout, mais privés de feu. Quand ils ont atteint les marches du temple, l'un et l'autre se prosternent, le front jusqu'à terre, et en tremblant, donnent des baisers à la pierre glacée. « Si les puissances divines se laissent attendrir par de justes prières, disent-ils, si la colère des dieux se laisse fléchir, dis-nous, Thémis, par quel moyen on peut réparer la perte de notre race et apporte ton secours, Très Miséricordieuse, au monde submergé. » La déesse est émue et rend cet oracle : « Éloignez-vous du temple, voilez-vous la tête, détachez la ceinture de vos vêtements et jetez derrière vous les os de votre grande mère. »

Ils restent longtemps stupéfaits. Pyrrha, la première, rompt le silence et refuse d'obéir aux ordres de la déesse. D'une voix tremblante, elle lui demande de lui pardonner de ne pas oser outrager l'ombre de sa mère en jetant ses os. Cependant ils se répètent les obscures paroles de l'oracle qui leur a été donné et ils les examinent chacun de leur côté et entre eux. Enfin, le fils de Prométhée apaise la fille d'Épiméthée avec ces mots rassurants : « Ou mon intelligence me trompe, dit-il, ou les oracles sont pieux et ne suggèrent aucun sacrilège. Notre grande mère, c'est la Terre ! Je suis sûr que ce qu'on appelle os, ce sont les pierres dans le corps de la Terre ; ce sont elles que nous devons jeter derrière nous. »

Bien que la fille du Titan soit ébranlée par l'interprétation de son mari, elle n'ose encore espérer, tant tous deux se défient des avis célestes ; mais en quoi leur nuira-t-il d'essayer ? Ils s'éloignent, se voilent la tête, défont leurs tuniques et, selon les ordres reçus, envoient des pierres derrière leurs pas. Les roches (qui le croirait, si l'Antiquité n'en portait témoignage ?) commencent à perdre leur dureté et leur rigidité, elles s'amollissent peu à peu et, une fois amollies, changent de forme. Bientôt, lorsqu'elles ont grandi et que leur nature est devenu plus douce, on peut y voir d'une certaine manière, pas encore très évidente, une forme humaine, semblable à une ébauche sortie du marbre, tout à fait semblable à de grossières statues. Enfin, la partie de ces pierres humidifiée par quelque suc et mêlée de terre se transforme en corps : ce qui est solide et qui ne peut être fléchi se change en os ; ce qui était veine subsiste sous le même nom ; et en un bref espace de temps, par la puissance divine, les roches envoyées par les mains masculines ont pris l'apparence d'hommes et les femmes ont été recréées grâce à des pierres jetées par une femme.

De là vient que nous sommes une race dure et résistante au travail : nous manifestons ainsi l'origine d'où nous sommes issus.

TEXTE IV : **Phaéton et le char du Soleil**

(Livre II, vers 1-339)

Le palais du Soleil s'élevait sur de hautes colonnes, scintillant de l'éclat de l'or et du cuivre flamboyant ; l'ivoire brillant en recouvrait le faîte ; les doubles portes rayonnaient de lueurs d'argent (...). Aussitôt que le fils de Clyméné est arrivé par un sentier en pente et qu'il est entré sous le toit de celui dont il doute être le fils, il se dirige rapidement vers le visage de son père. Mais il se tient à distance ; de plus près, il n'en supporte pas l'éclat. Recouvert d'un vêtement de pourpre, Phébus est assis sur un trône étincelant de scintillantes émeraudes. A sa droite et à sa gauche, se tiennent le Jour, le Mois, l'Année, les Siècles et, placées à intervalles réguliers, les Heures.

Il y a aussi le Printemps, ceint d'une couronne de fleurs, l'Eté nu qui porte des guirlandes d'épis, l'Automne, barbouillé de grappes de raisin foulées, et le glacial Hiver, hérissé de cheveux blancs. Au milieu d'eux, le Soleil. De ses yeux qui voient tout, il aperçoit le jeune homme tremblant devant ce spectacle qui le fascine : « Quelle est la cause, dit-il, de ton voyage ? Qu'es-tu venu chercher dans cette citadelle, Phaéton, mon fils qu'en tant que père je ne peux renier ? »

Le Printemps, fresque de Pompéi,
musée national de Naples,
© Alinari-Viollet.

Celui-ci répond : « O lumière commune à l'immense univers, Phébus, mon père, si tu m'accordes l'usage de ce nom, si Clyméné ne cache pas sa faute sous une fausse image, donne-moi des gages, toi qui m'as engendré, grâce auxquels je pourrais croire que je suis vraiment de ta race. Ôte ce doute de mon esprit. » Alors, à ces mots, celui qui l'a engendré dépose les rayons éblouissants qui entourent sa tête et lui ordonne d'approcher, il l'embrasse et lui dit : « Il n'est pas juste de nier que tu es mon fils et Clyméné t'a révélé tes véritables origines ; pour que tu n'en doutes pas, demande-moi la faveur que tu veux, afin que tu l'obtiennes de moi. J'en prends pour témoin le marais des Enfers par lequel les dieux jurent, marais que moi, jamais je n'ai vu. » A peine a-t-il achevé de parler que Phaéton demande le char de son père et le droit de conduire pendant un jour ses chevaux aux pieds ailés.

Le malheureux père regrette alors son serment et, secouant deux ou trois fois sa tête lumineuse, il s'écrie : « Tes paroles montrent que les miennes étaient irréfléchies. S'il pouvait m'être permis de ne pas tenir mes promesses! Je l'avoue, c'est la seule chose, mon fils, que je te refuserais. Je peux du moins t'en dissuader. Ton vœu n'est pas sans danger ; tu demandes de grandes faveurs qui ne conviennent ni à tes forces ni à ton jeune âge. Ton destin est d'être mortel, or, ce que tu souhaites n'est pas d'un mortel. Bien plus, dans ton inconscience, tu me demandes ce qu'il n'est pas permis aux dieux d'obtenir. Je veux bien que chacun soit fier de lui-même, mais aucun dieu n'est capable de se tenir sur le char qui porte le feu, à part moi. Même le souverain du vaste Olympe, qui de sa main terrible lance la foudre sauvage, ne conduira pas mon char ; et qu'y a-t-il de plus grand que Jupiter ? » (...)

Cependant Phaéton résiste à ces paroles, il maintient son projet et brûle du désir de conduire le char. Alors, celui qui l'a engendré, après avoir tardé autant qu'il l'a pu, conduit le jeune homme vers le grand char, présent de Vulcain. L'essieu est en or, le timon est en or, en or également, la courbure des roues et en argent la série des rayons. Sur le joug, des chrysolithes et des pierres précieuses bien alignées renvoient le reflet de ses brillantes lumières. Tandis que le téméraire Phaéton contemple et admire tous les détails de cet ouvrage, voici que de l'Orient resplendissant, la vigilante Aurore a ouvert ses portes de pourpre et son atrium plein de roses : les étoiles s'enfuient, Lucifer a rassemblé leur troupe et, le dernier, descend de la garde du ciel. Quand le Titan le voit atteindre la terre, le monde rougir et les pointes du croissant de lune s'évanouir, il ordonne aux Heures rapides d'atteler ses chevaux. Avec célérité, les déesses accomplissent ses ordres : des écuries célestes, elles amènent les coursiers crachant le feu, repus du suc de l'ambroisie et leur passent les mors retentissants. Alors, le père enduit d'un onguent divin le visage de son fils, pour le rendre ainsi capable de supporter la violence des flammes. Il place des rayons sur sa chevelure et poussant des soupirs qui laissent présager son deuil, il lui dit : « Si tu peux obéir au moins à ces conseils de ton père, épargne l'aiguillon, mon enfant, et utilise plus fortement les rênes ; d'eux-mêmes, les chevaux galopent ; il est difficile de les réfréner. »

(Le Soleil donne à Phaéton des conseils sur la route à suivre.)

Phaéton s'empare du char trop léger sous son jeune corps, il se tient debout et se réjouit de sentir sous ses mains les rênes, elles aussi légères. Puis, il remercie son père qui agit à contre-cœur. Pendant ce temps, les chevaux ailés du Soleil, Ardent, Oriental, Brûlant et le quatrième, Brillant, emplissent les airs de leur souffle de flamme, et frappent de leurs sabots les barrières. Dès que Téthys, ignorant le destin de son petit-fils, a repoussé ces barrières et ouvert aux chevaux l'immensité du ciel, ils s'élancent sur la route et, de leurs sabots agités à travers les airs, ils fendent les nuages devant eux. Soulevés par leurs ailes, ils dépassent l'Eurus, le vent né dans la même région qu'eux. Mais le poids du conducteur est si léger que les chevaux du Soleil ne peuvent le reconnaître : le joug n'a pas son habituelle pesanteur. Comme les navires courbes vacillent sans le lest nécessaire et sont emportés à travers la mer, rendus instables par leur trop grande légèreté, de même, le char dépourvu de son poids habituel bondit dans les airs, profondément secoué, semblable à un char vide. Dès que les quatre chevaux l'ont senti, ils accélèrent, abandonnent la piste battue et ne courent plus dans le même ordre qu'auparavant. Phaéton lui-même prend peur : il ne sait plus vers où tirer les rênes qui lui ont été confiées ni quel chemin prendre et, même s'il le savait, il ne pourrait commander aux chevaux. Alors, pour la première fois, les constellations glacées se réchauffent aux rayons du Soleil et tentent en vain de se plonger dans la mer qui leur est interdite (...).

Lorsque, du haut de l'éther, il aperçoit la terre qui s'étend si loin, si loin, le malheureux Phaéton pâlit. Ses genoux s'entrechoquent sous l'effet d'une terreur subite et les ténèbres, au milieu de tant de lumière, se lèvent devant ses yeux.

Odilon Redon, *Le Char du Soleil* (*Phaéton* ou *Char de Phaéton*), musée du Petit Palais, © Roger-Viollet.

Maintenant il préférerait n'avoir jamais touché les chevaux de son père ; maintenant il regrette de connaître son origine et d'avoir gagné par ses prières le droit de conduire le char du Soleil (...). Que faire ? Une grande partie du ciel est dans son dos, une plus grande encore est devant lui. En pensée, il mesure l'une et l'autre : tantôt il regarde vers le couchant qu'il n'atteindra jamais, tantôt il regarde en arrière vers le levant. Ne sachant que faire, il reste sans réaction ; il ne lâche pas les rênes mais il n'est pas capable non plus de les tirer et il ne connaît pas le nom des chevaux. Il voit en tremblant, dispersés çà et là dans le ciel bigarré, des prodiges et des formes d'immenses animaux. Il est un lieu où le Scorpion écarte ses pinces en deux arcs, de sa queue et de ses bras fléchis de part et d'autre, il étend ses membres sur l'espace de deux signes. Quand l'enfant le voit — suant des gouttes de noir venin, menaçant avec son dard recourbé —, sans ressort, glacé de terreur, il lâche les rênes.

Dès que, flottantes, elles ont touché la croupe des chevaux, ceux-ci sortent de la carrière, et sans nul frein, ils vont à travers les airs d'une région inconnue, là où leur impétuosité les mène, sans guide, ils se précipitent ; ils s'élancent vers les étoiles fixées dans l'éther élevé et ils tirent le char à travers les abîmes. Tantôt ils gagnent les sommets, tantôt à travers des pentes et des précipices, ils sont emportés dans un espace plus près de la terre. La Lune s'étonne que les chevaux de son frère courent plus bas que les siens ; les nuages brûlés disparaissent en fumée. La terre en ses lieux les plus élevés est dévorée par les flammes et, fissurée, elle se crevasse et elle brûle, totalement desséchée. Les patûres blanchissent, l'arbre brûle jusqu'aux feuilles, et la moisson tout sèche se consume d'elle même. Ce sont là de faibles plaintes ; de grandes villes périssent avec leurs remparts ; les incendies réduisent en cendres des nations entières avec leurs populations. Alors, Phaéton aperçoit le monde embrasé de toutes parts et il ne supporte pas une chaleur si intense. Il aspire un air brûlant comme une profonde fournaise et il sent son char porté à incandescence. Il ne peut plus supporter les cendres et les jets d'étincelles ; il est enveloppé de tous côtés d'une fumée brûlante. Où va-t-il, où est-il, il ne le sait pas, aveuglé par une obscurité de poix, il est emporté par le caprice des chevaux ailés. C'est alors, croit-on, que les peuples d'Éthiopie, à cause du sang attiré à la surface de leur corps, ont pris une couleur noire, c'est alors que la Libye, desséchée par l'incendie, est devenue si aride.(...)

Le sol tout entier s'entrouvre ; par les fentes, la lumière pénètre jusqu'au Tartare et terrifie le roi des Enfers et son épouse. La mer se réduit et une plaine de sable desséché remplace ce qui était auparavant un océan. Les montagnes que couvraient des eaux profondes surgissent et augmentent le nombre des Cyclades éparses. (...)

(Devant une telle catastrophe, la Terre demande à Jupiter de foudroyer Phaéton pour arrêter sa course).

Quant à Phaéton, les cheveux rougeoyant sous l'effet de la flamme, il roule la tête la première et il est traîné sur une longue distance à travers les airs, comme on voit parfois une comète qui, du haut du ciel serein, donne l'impression de tomber. Loin de sa patrie, venu de l'autre côté de la terre, le grand fleuve Éridan le reçoit et baigne son visage en feu. Les naïades de l'Hespérie confient son corps fumant encore à une tombe et gravent ces vers sur la pierre : « Ici gît Phaéton, conducteur du char de son père. Même s'il a été incapable de le guider, c'est son grand courage pourtant qui est la cause de sa chute. » Son père, plein d'une amère douleur, cache son visage sous un voile de deuil, et s'il faut en croire la légende, on raconte qu'un jour entier s'écoula sans soleil ; c'est l'incendie qui remplaça la lumière : il y eut ainsi quelque utilité dans ce malheur.

TEXTE V : **La geste de Persée**
(Livre IV, vers 604-803)

Persée était fils de Jupiter, conçu par Danaé d'une pluie d'or. (...)

On le vit un jour rapporter victorieux la dépouille fameuse de la Gorgone, le monstre hérissé de vipères. Il parcourait l'air léger de ses ailes stridentes. Comme il passait au-dessus des sables de Lybie, des gouttes de sang tombèrent de la tête de la Gorgone ; la terre les recueillit et elles se transformèrent en serpents divers, d'où le fait que cette région est infestée d'une multitude de couleuvres. Il était poussé à travers l'immensité par des vents agités, tantôt de-ci, tantôt de-là. Porté tel un nuage chargé d'eau, du haut de l'éther, il contemplait les régions tout en bas, au loin ; il survola ainsi tout l'univers. Trois fois, il vit les Ourses glacées, trois fois, les pinces du Cancer. Souvent il fut emporté vers le couchant, et souvent vers l'orient. Enfin à la tombée du jour, craignant de se déplacer dans la nuit, il s'arrêta dans la région de l'Hespérie, royaume d'Atlas, et il demanda à prendre quelque repos, jusqu'à ce que Lucifer appelât les feux de l'Aurore, et l'Aurore le char du jour.

Dans ce lieu, dépassant tous les hommes de son immense corps, vivait Atlas, fils de Japet : l'extrémité de la Terre était soumise à ce roi, ainsi que la mer qui ouvre ses flots aux chevaux haletants du Soleil et qui accueille son char fatigué. Mille troupeaux de brebis et autant de bétail erraient à travers les herbes et nul voisin ne limitait ses terres. Les feuillages des arbres resplendissaient d'or rayonnant ; ils couvraient des branches d'or et portaient

Benvenuto Cellini,
Persée avec la tête de Méduse.
Loggia dei Lanzi, Florence,
© Alinari-Giraudon.

des fruits d'or. « Étranger, lui dit Persée, si la gloire d'une haute naissance te touche, sache que Jupiter est l'auteur de ma naissance. Si tu admires les exploits, tu admireras les miens! Je te demande l'hospitalité et le repos. » Mais Atlas se souvenait d'un ancien oracle que Thémis avait rendu sur le Parnasse : « Le temps viendra, Atlas, où ton arbre sera dépouillé de son or et où un fils de Jupiter tirera gloire de ce butin. » Dans cette crainte, Atlas avait clos le verger de solides collines, l'avait donné à garder à un énorme dragon et repoussait de ses limites tous les inconnus.

Il dit à Persée : « Éloigne-toi, sinon ni la gloire des exploits que tu as inventés, ni Jupiter ne te seront utiles. » Et il ajouta la violence aux menaces et chercha à repousser de ses mains Persée qui hésitait et commençait à mêler à ses paroles amicales des termes plus vifs. Voyant qu'il était inférieur en forces (qui en effet pourrait égaler Atlas en forces ?), il lui dit alors : « Eh bien, puisque tu fais si peu de cas de notre amitié, accepte ce présent! », et du côté gauche, en prenant garde de détourner son regard, il lui présenta la tête hérissée de la Méduse.

De toute sa taille, Atlas fut pétrifié et transformé en montagne : sa barbe et ses cheveux devinrent des forêts ; ses épaules et ses mains devinrent des collines ; ce qui auparavant était sa tête se transforma en une cime au sommet de la montagne, ses os se changèrent en pierres. Alors développé dans toutes ses parties, il s'agrandit démesurément (Ainsi, dieux, en avez-vous décidé !) et le ciel tout entier avec tous ses astres repose désormais sur lui.

Le fils d'Hippotès, Éole, avait enfermé les vents dans leur éternelle prison et, pour rappeler les hommes au travail, Lucifer, l'étoile du matin, s'était levé, brillant de tout son éclat dans les hauteurs du ciel. Persée remet ses ailes à chaque pied, suspend à sa ceinture son arme recourbée et, agitant ses sandales ailées, fend l'air limpide. Après avoir laissé autour et derrière lui nombre de nations, il aperçoit les peuples d'Éthiopie et le territoire de Céphée. Là, sans l'avoir mérité, Andromède recevait sur l'ordre du terrible Ammon le châtiment des orgueilleux propos de sa mère (elle s'était vantée d'être plus belle que les Néréides). Dès que Persée, le descendant d'Abas, la voit, les bras enchaînés à de durs rochers, – si une brise légère n'avait agité ses cheveux et si de tièdes larmes n'avaient coulé de ses yeux, il aurait pensé que c'était une statue de marbre –, il reçoit les feux de l'amour et reste interdit. Séduit par l'image d'une si grande beauté, il en oublie presque d'agiter ses ailes dans l'air. Il prend pied et lui dit : « O toi qui n'es pas faite pour de telles chaînes, mais pour celles qui lient des amants pleins d'amour, dis-moi ton nom, celui de ce pays et pourquoi tu portes ces liens. » D'abord, la jeune fille se tait et n'ose parler à un homme ; elle aurait caché de ses mains son visage timide, si elle n'avait pas été enchaînée. Ses yeux se remplissent de larmes. Comme Persée la presse de questions, pour ne pas paraître coupable d'une faute inavouable, elle indique son nom, celui du pays et la trop grande confiance de sa mère en sa beauté. Mais Andromède ne peut achever son récit car voici que l'onde retentit et qu'un monstre arrive, se dressant sur l'immensité de la mer et recouvrant de sa poitrine l'étendue des flots.

La jeune fille se met à hurler. Son père en deuil et sa mère l'assistent ; tous les deux sont malheureux, particulièrement sa mère. Ils ne peuvent lui apporter aucun secours, mais versent des pleurs et gémissent sur son sort. Ils tiennent embrassé son corps enchaîné. L'étranger leur dit alors : « Vous aurez tout le temps de pleurer ; nous n'avons que peu de temps pour lui porter secours. Je suis Persée, le fils de Jupiter et de celle que, dans sa prison, Jupiter a rendue mère grâce à l'or fécond, je suis Persée, le vainqueur de la Gorgone aux cheveux de serpents, Persée qui, grâce à ses ailes en mouvement, a osé aller à travers les souffles des airs. Si vous me préférez à tous comme gendre, à tant d'exploits je veux essayer d'ajouter un bienfait, à condition toutefois que les puissances divines me favorisent. Si Andromède doit être à moi, lorsque je l'aurai sauvée par mon courage, je m'engage à tout faire pour y parvenir. » Les parents acceptent sa proposition (Qui aurait hésité ?), ils le supplient et lui promettent en plus un royaume comme dot.

Voilà que, tel un navire rapide qui de son éperon laboure les eaux, lorsqu'il est manœuvré par les bras de jeunes marins en sueur, le monstre écarte les ondes sous l'élan de sa poitrine. Il s'est approché des rochers, à une distance égale de celle où une fronde baléare peut envoyer un projectile au milieu du ciel. Voyant cela, le jeune homme repousse la terre du pied et s'élance haut dans les nuages. Dès que le monstre aperçoit l'ombre du héros à la surface des eaux, il se précipite avec fureur sur cette ombre. De même que l'aigle de Jupiter, quand il aperçoit dans un champ un serpent qui présente à Phébus son dos blanchâtre, l'attrape par derrière, pour éviter que la gueule dangereuse ne se retourne contre lui, et enfonce ses serres avides dans son cou recouvert d'écailles, de même, le descendant d'Inachus se lance d'un vol rapide à travers le vide et se jette sur le dos du monstre qui tressaille. Il lui plonge dans l'épaule droite son arme jusqu'au crochet recourbé. Frappé d'une grave blessure, tantôt le monstre se dresse de toute sa hauteur dans les airs, tantôt il se dissimule sous les eaux, tantôt il tourne sur lui-même comme un sanglier sauvage terrifié par une meute de chiens qui l'entourent en hurlant. Persée, grâce à la rapidité de ses ailes, échappe aux morsures avides. Partout où il le peut, sur le dos recouvert de coquilles arrondies, sur les côtés, là où la queue s'amincit et se termine en poisson, partout il frappe de son épée en forme de faucille. La bête vomit des flots mêlés à son sang couleur de pourpre. Les ailes de Persée en sont imprégnées et s'alourdissent si bien qu'il n'ose plus se fier à ses sandales imbibées. Il repère un écueil découvert lorsque les eaux sont calmes, et submergé quand la mer est agitée. Appuyé à ce rocher et s'y agrippant de la main gauche, il enfonce son arme trois ou quatre fois sans répit dans le ventre du monstre.

Sur le rivage retentissent des applaudissements et des cris qui montent jusqu'aux demeures des dieux. Cassiopée et Céphée, le père d'Andromède, se réjouissent et saluent Persée comme leur gendre, ils le désignent comme le protecteur et le sauveur de leur maison. Délivrée de ses chaînes, voici que s'avance la jeune fille, prix et cause de cet exploit. Persée lave ses mains victorieuses avec de l'eau qu'il a puisée, puis, pour que la dureté du sable ne blesse pas la tête qui porte des serpents, il tapisse le sol de feuilles, étale des algues nées sous la mer et y dépose la tête de Méduse, fille de Phorcys.

(Au cours du banquet donné pour les noces de Persée et d'Andromède, le héros raconte par quel stratagème il s'est emparé de la tête de la Méduse.)

Persée raconte qu'au pied de l'Atlas glacé, il est un lieu protégé par une barrière de solides rochers. A l'entrée de ce lieu, habitaient deux sœurs, filles de Phorcys, qui se partageaient l'usage d'un seul œil. Cet œil, Persée s'en était emparé par une ruse ingénieuse en substituant sa main à celle des deux sœurs qui devait le prendre. Ensuite, à travers des lieux écartés et des sentiers détournés, à travers des rochers hérissés de forêts bruissantes, il avait atteint la demeure des Gorgones. Çà et là, dans les champs et sur les routes, il avait vu des formes d'hommes et d'animaux changées en pierre à la vue de Méduse. Mais lui avait réussi à n'apercevoir Méduse qu'à travers son horrible reflet dans le bouclier de bronze qu'il portait de la main gauche. Lorsqu'il avait vu qu'un lourd sommeil s'était emparé d'elle et des serpents, il lui avait coupé la tête. C'est du sang de Méduse que sont nés les chevaux aux ailes rapides, Pégase et Chrysaor, son frère. Persée ajoute le récit des dangers considérables de son long voyage, il évoque aussi les mers et les terres qu'il a vues au-dessous de lui du haut du ciel, et les astres qu'il a atteints en battant des ailes. Malgré l'attente des auditeurs, il interrompt son discours. L'un des seigneurs invités au mariage prend alors la parole pour lui demander pourquoi, seule parmi ses sœurs, Méduse portait des serpents mêlés à ses cheveux. Persée répond : « Ce que tu veux savoir mérite vraiment d'être raconté, écoute donc la raison de ce que tu demandes. La beauté de Méduse était jadis très célèbre et attirait de très nombreux prétendants. Rien en elle n'était plus admirable que ses cheveux : je le sais de la bouche de quelqu'un qui disait l'avoir vue. On raconte que le maître des mers la viola dans un temple de Minerve. La fille de Jupiter détourna son regard et couvrit de son égide son chaste visage ; et pour que ce crime ne reste pas impuni, elle changea les cheveux de la Gorgone en affreux serpents. De nos jours encore, afin de terrifier ses ennemis et de les frapper d'horreur, Minerve porte sur sa poitrine les serpents qu'elle a créés. »

TEXTE VI : **Narcisse**

(Livre III, vers 407-510)

Il était une source limpide, aux eaux brillant de reflets argentés. Ni les bergers ni les chèvres qui paissaient sur la montagne, ni aucun autre bétail ne l'avaient touchée ; aucun oiseau, aucune bête sauvage ne l'avaient troublée, ni aucun rameau tombé de l'arbre. Il y avait du gazon tout autour que les eaux de la source, par leur proximité, nourrissaient ; une forêt empêchait les rayons du soleil de réchauffer ce lieu.

Là, le jeune Narcisse, fatigué par l'ardeur de la chasse et par la chaleur, s'étendit, attiré par la source et la beauté des lieux. Mais, lorsqu'il veut apaiser sa soif, une autre soif grandit en lui. Tandis qu'il boit, séduit par l'image de sa beauté qu'il aperçoit, il tombe amoureux d'une illusion qui n'a pas de corps ; il prend pour un corps ce qui n'est que de l'eau. Il est fasciné par l'image de lui-même ; le visage fixe, sans bouger, il reste immobile, comme une statue sculptée dans du marbre de Paros. Allongé sur le sol, il contemple son double, ses yeux semblables à des étoiles, ses cheveux dignes de Bacchus et d'Apollon, ses joues imberbes, son cou d'ivoire, sa belle bouche et son teint de rose mêlé à la blancheur de la neige. Il admire tout ce qui est admirable en lui. Sans le savoir, il se désire lui-même. Il est à la fois celui qui admire et celui qui est admiré, il est celui qui désire et celui qui est désiré ; il allume lui-même les feux dont il brûle. Que de fois il donne d'inutiles baisers à la source qui le trompe ! Que de fois il plonge ses bras pour saisir son cou qu'il aperçoit dans l'eau ! Il ne comprend pas ce qu'il voit, mais il brûle d'amour pour ce qu'il voit. L'erreur même qui trompe ses yeux excite son désir. Jeune homme crédule, pourquoi cherches-tu en vain à saisir une fugitive apparence ? Ce que tu désires n'est nulle part ; ce que tu aimes, si tu te tournes, tu le perds. L'ombre que tu aperçois n'est que le reflet de ton image. Elle n'est rien en elle-même ; elle est venue et elle reste avec toi ; elle s'éloignera avec toi, si tu peux t'éloigner.

Ni la faim, souci de Cérès, ni le souci du repos ne peuvent l'arracher à ce lieu. Étendu sur l'herbe épaisse, il contemple de ses regards insatiables l'image mensongère, et il se meurt d'amour, victime de ses propres yeux. A peine soulevé, tendant ses bras vers les forêts autour de lui, le voici qui déclare : « Y a-t-il quelqu'un, ô forêts, qui a plus souffert d'aimer que moi ? Vous le savez, vous qui avez souvent servi aux amoureux de refuge opportun. Vous dont la vie compte tant de siècles, vous souvenez-vous, au cours d'une si longue période, de quelqu'un qui ait ainsi dépéri ? » Puis, s'adressant à son image : « Quand je te tends les bras, tu me les tends aussi. Quand je te souris, tu me souris. J'ai souvent remarqué, également, que tu pleures, quand je pleure, et tu me réponds en hochant la tête (...). Mais lui, c'est moi. Je l'ai compris et mon image ne me trompe plus, je brûle de l'amour de moi, je provoque les flammes que j'endure. » (...).

Ses larmes troublent les eaux et, dans la fontaine agitée, l'image s'obscurcit. Quand il la voit disparaître, il s'exclame :

« Où fuis-tu ? Reste ! N'abandonne pas, cruel, celui qui t'aime ; si je ne peux te toucher, que je puisse au moins te regarder et alimenter ma misérable folie ! » Tout en se lamentant, il ouvre son vêtement et frappe sa poitrine nue de ses mains à la blancheur de marbre. Sa poitrine rougit sous les coups, comme des fruits encore blancs qui commencent à mûrir, ou bien comme le raisin dont les grappes prennent une couleur pourpre, quand il arrive à maturité. Quand Narcisse aperçoit son image dans l'eau à nouveau limpide, il ne peut en supporter davantage. Comme la cire dorée fond devant un feu léger ou la rosée du matin sous le tiède soleil, de même, épuisé par l'amour, il dépérit et peu à peu, il se consume d'un feu secret. Déjà il n'a plus son teint à la blancheur mêlée de rose, ni sa vigueur ni ses forces et tout ce qui autrefois lui plaisait : rien ne reste de ce corps qu'avait jadis aimé la nymphe Écho (...).

Narcisse, les yeux fixés sur l'onde familière, prononce ses derniers mots : « Hélas ! Enfant chéri en vain ! » et le lieu en renvoie l'écho. « Adieu! » dit-il ; « Adieu! » répondit Écho. Il pose sa tête fatiguée sur l'herbe verte ; la mort ferme ses yeux qui admirent toujours la beauté de leur maître. Et même après avoir été reçu dans le séjour infernal, il se regarde encore dans les eaux du Styx. Ses sœurs, les Naïades, le pleurent et déposent en hommage à leur frère leurs cheveux coupés ; les Dryades le pleurent aussi et ces pleurs sont répétés par Écho. Déjà le bûcher, les torches que l'on agite et la civière sont prêts. Mais le corps n'est nulle part : à sa place, on trouve une fleur jaune safran au cœur entouré de pétales blancs.

TEXTE VII : **Le vol d'Icare**

(Livre VIII, vers 183-235)

Dédale, las de la Crète et de son long exil, plein de nostalgie pour son pays natal, était retenu captif par la mer. « Minos peut m'interdire les terres et les ondes, mais il me reste le ciel. C'est par là que nous irons. Même s'il possède tout, Minos ne possède pas les airs. » Il prononça ces mots, puis il appliqua son esprit à des techniques inconnues afin de transformer la nature. Le voici qui dispose des plumes en ordre en commençant par les plus petites, les longues sont suivies de plus courtes, de sorte qu'on dirait qu'elles s'étagent en pente. Le résultat est semblable à la flûte champêtre qui se forme peu à peu à partir de tuyaux inégaux. Il lie ensuite le milieu des plumes avec du lin et le bas avec de la cire. Une fois qu'il les a ainsi assemblées, il leur donne une légère courbure, afin d'imiter les vrais oiseaux.

Son fils Icare se tenait près de lui, et ignorant des dangers futurs, le sourire aux lèvres, tantôt il attrapait les plumes que l'air vagabond faisait s'envoler, tantôt il amollissait avec son pouce la cire blonde et, par ses jeux, gênait l'admirable travail de son père. Après avoir mis la dernière main à son ouvrage, l'artisan équilibra son corps sur ses deux ailes et en les agitant, se suspendit dans l'air. Il donna également des conseils à son fils : « Icare, dit-il, je te conseille de voler à mi-distance ; si tu vas trop bas, l'eau alourdira tes ailes ; si tu vas trop haut, le feu du soleil les brûlera. Vole entre les deux. Et je te recommande de ne regarder ni le Bouvier, ni l'Hélice, ni l'épée nue d'Orion. Garde la voie que je t'indique. » En même temps, il lui transmit l'art de voler et adapta à ses épaules des ailes inconnues de la nature. Au milieu de ce travail et de ces conseils, les joues du vieil homme se mouillèrent de larmes et ses mains de père se mirent à trembler. Il donna à son fils d'ultimes baisers et, s'élevant sur ses ailes, il s'envola le premier, inquiet pour son compagnon, comme l'oiseau qui, du haut de son nid, a emmené ses tendres oisillons dans les airs. Le voilà qui l'encourage à le suivre et lui enseigne cet art dangereux : tout en remuant ses ailes, il observe celles de son fils. Un pêcheur à la ligne, un berger appuyé sur son bâton, un laboureur sur le manche de sa charrue les ont vus et en sont restés stupéfaits : ils ont pris pour des dieux ces hommes qui pouvaient traverser les airs. Et déjà sur leur gauche, il y a Samos, l'île aimée de Junon (Délos et Paros sont dépassées), à droite, il y a Lébinthos et Calymné riche en miel. L'enfant commence à se réjouir de son vol audacieux. Il quitte son guide et attiré par le ciel, prend un chemin plus haut. Le voisinage du soleil rapide amollit la cire odorante qui attachait ses plumes ; bientôt, la cire a fondu.

Icare agite ses bras nus et, privé de son plumage, il n'a plus de prise sur l'air. Sa bouche qui crie le nom de son père est vite engloutie dans l'eau azurée qui porte à présent son nom. Quant à son malheureux père, il s'écrie : « Icare, Icare, où es-tu ? En quel lieu irai-je te chercher ? Icare! ». C'est alors qu'il aperçoit les plumes dans les ondes. Il maudit son art et enfouit le corps de son fils dans une tombe. La terre où il est enseveli porte désormais son nom.

TEXTE VIII : **Histoire de Pygmalion**

(Livre X, vers 244-297)

Révolté par les vices dont la nature a rempli le cœur des femmes, Pygmalion vivait sans épouse, célibataire et n'avait pas de compagne. Un jour, il sculpta avec un art admirable un chef-d'œuvre d'ivoire blanc comme la neige et lui donna une si grande beauté qu'aucune femme ne peut en avoir naturellement de semblable. Pygmalion tomba amoureux de son œuvre. Elle avait l'apparence d'une véritable jeune fille, elle paraissait vivante, sur le point de se mouvoir, tant l'art avait dissimulé l'artifice. Voici que Pygmalion l'admire et brûle d'amour pour une apparence de corps. Souvent, il approche ses mains de son œuvre pour se rendre compte s'il s'agit d'un véritable corps ou d'une statue d'ivoire. Il a du mal à admettre que c'est bien de l'ivoire. Il l'embrasse, il s'imagine être embrassé en retour. Il lui parle, il la tient dans ses bras et croit que ses doigts se posent sur sa chair, il craint de lui faire des bleus. Tantôt il la cajole, tantôt il lui porte de menus cadeaux qui plaisent aux jeunes filles, des coquillages, des osselets, de petits oiseaux, des fleurs de mille couleurs, des lis, des balles peintes et de l'ambre, larmes tombées de l'arbre des Héliades. Il pare aussi son corps de vêtements, à ses doigts il glisse des bagues, à son cou de longs colliers. A ses oreilles pendent des perles légères, des chaînettes ornent sa poitrine. Tout lui va, même nue, elle ne paraît pas moins belle. Il l'installe sur des couvertures teintes de la pourpre de Sidon, il l'appelle sa compagne et il pose son cou incliné sur des coussins moelleux, comme si elle pouvait le sentir.

Scène de sacrifice, bas-relief d'autel, forum de Pompéi,
© Alinari Brogi-Giraudon.

Le jour de la fête de Vénus, fastueusement célébrée dans toute l'île de Chypre, était venu. Des génisses aux cornes enduites d'or étaient tombées, frappées sur leurs cous de neige et l'encens fumait. Après avoir déposé son offrande, Pygmalion se tenait devant l'autel, il dit craintivement : « Dieux, si vous pouvez tout accorder, accordez-moi comme épouse, je vous en prie, (il n'osa pas dire : la jeune fille d'ivoire) une femme semblable à la jeune fille d'ivoire. » Mais la blonde Vénus qui assistait en personne aux festivités en son honneur comprit le sens de son vœu. En présage de la faveur divine, la flamme se ralluma trois fois et dressa sa pointe dans l'air. Quand il rentra chez lui, Pygmalion rejoignit la statue de jeune fille et penché sur le lit, il lui donna un baiser ; elle lui parut tiède. Le voici qui lui touche à nouveau le visage. De ses mains, il tâte sa poitrine. A ce contact, l'ivoire s'amollit et perd sa rigidité, il fléchit et cède sous les doigts, comme la cire de l'Hymette ramollie au soleil qui, modelée par le pouce, prend des formes variées en se pliant à tous les usages. Pygmalion est stupéfait, il n'ose se réjouir et craint de se tromper. Encore et encore, l'amoureux touche de ses mains l'objet de ses désirs. C'est bien un corps : sous son pouce, palpitent des veines. Alors, le héros de Paphos remercie Vénus par de longues actions de grâces. Enfin, son visage touche un véritable visage, la jeune fille sent ses baisers et rougit. Levant vers la lumière un timide regard, elle voit en même temps le ciel et son amoureux.

La déesse assista au mariage, qu'elle avait permis. Quand pour la neuvième fois, le croissant de la lune se fut refermé sur son disque plein, la jeune femme donna naissance à Paphos, dont l'île a retenu le nom.

TEXTE IX : **Atalante et Hippomène**

(Livre X, vers 560-680)

(Pour distraire Adonis, le jeune homme qu'elle aime, Vénus lui raconte l'histoire d'Atalante et d'Hippomène.)

Peut-être as-tu entendu parler d'une jeune fille qui, à la course, surpassait les hommes les plus rapides. Non, cette rumeur n'était pas une fable, elle les surpassait vraiment, mais il était difficile de dire si elle était plus remarquable par la vitesse de ses pieds que par sa beauté. Comme elle interrogeait le dieu sur son futur mari, il lui répondit : « Tu n'as pas besoin de mari, Atalante, fuis le mariage. Tu n'y échapperas pas cependant. » Terrifiée par l'oracle du dieu, elle se met à vivre, hostile au mariage, dans d'épaisses forêts ; farouche, elle cherche à mettre en fuite la foule de ses prétendants en leur imposant cette condition : « Je n'appartiendrai à personne, tant que je n'aurai pas été vaincue à la course, luttez de vitesse avec moi. Le plus rapide deviendra mon mari pour prix de sa victoire, la mort sera le prix pour les perdants. Que telle soit la loi de cette lutte. » C'était certes cruel, mais (si grand est le pouvoir de la beauté!) une foule de prétendants téméraires vint pour se soumettre à cette loi.

Hippomène était assis comme spectateur de cette course injuste. Il se demandait : « Est-il raisonnable d'affronter un tel danger pour gagner une épouse ? » et il blâmait l'amour excessif de ces jeunes gens. Mais lorsqu'il vit le visage de la jeune fille et son corps sans vêtement, il resta frappé de stupeur et, levant la main, il s'écria : « Pardonnez-moi, vous que je viens d'accuser, je ne connaissais pas encore la récompense que vous vous disputez. » Tout en rendant hommage à Atalante, le voici qui se met à l'aimer, il souhaite qu'aucun des jeunes gens ne courre plus vite qu'elle. La jalousie lui inspire cette crainte. « Mais pourquoi ne tenterais-je pas le hasard de cette course ? – se dit-il – La divinité aide les audacieux. » Tandis qu'Hippomène se fait ces réflexions, la jeune fille s'envole d'un pas ailé. Bien que le jeune Aonien la voit passer aussi vite qu'une flèche scythe, il admire plus encore sa beauté. La course la rend plus belle encore. La brise rabat les lacets de ses sandales sur ses pieds rapides, sur ses épaules d'ivoire voltigent ses cheveux et sur ses mollets, les bandelettes brodées qui ornent ses genoux font de même. Son corps blanc de jeune fille s'est coloré de rose, exactement comme un vélum de pourpre tendu au-dessus d'un atrium de marbre blanc peint le reflet de ses ombres. Tandis que l'étranger observe ces détails, la borne à l'extrémité de la piste est franchie et victorieuse, Atalante reçoit la couronne des fêtes. Les vaincus gémissent et subissent leur peine conformément au contrat.

Cependant le jeune homme, sans être effrayé de leur sort, se dresse au milieu des spectateurs et, le regard fixé sur la jeune fille, il lui dit : « Pourquoi cherches-tu un titre de gloire facile en triomphant d'adversaires faibles ? C'est moi que tu dois affronter. Si la fortune m'accorde la victoire, tu n'auras pas à avoir honte d'être vaincue par un homme tel que moi. En effet, mon père est Mégarée, fils d'Onchestus, Neptune est son aïeul et moi, je suis l'arrière-petit-fils du roi des eaux. De plus, ma valeur n'est pas inférieure à ma naissance. Et si je suis vaincu, tu auras, pour avoir vaincu Hippomène, une grande et éternelle renommée.» Pendant qu'il parle, Atalante lui jette un regard attendri et se demande si elle préfère être surpassée ou vaincre : « Quel dieu ennemi des beaux jeunes gens veut perdre celui-ci, se dit-elle, et le pousse, au risque de sa précieuse vie, à rechercher ce mariage ? A mon avis, je n'ai pas tant de valeur. Ce n'est pas sa beauté qui me touche (encore que je pourrais aussi en être touchée) mais le fait qu'il soit encore un enfant ;

ce n'est pas lui qui m'émeut, mais sa jeunesse. De plus, ne fait-il pas preuve de courage et d'une absence totale de peur de la mort ? De plus, n'est-il pas quatrième dans la lignée du seigneur des eaux ? De plus, ne m'aime-t-il pas et n'accorde-t-il pas une si grande valeur au fait de m'épouser qu'il est prêt à mourir, si un sort cruel me refuse à lui ? Tant qu'il en est temps, étranger, va-t-en et renonce à mon lit tout sanglant. Le mariage avec moi est cruel, il n'est pas de jeune fille qui ne voudrait s'unir à toi et tu peux plaire à une jeune fille sensée. Pourquoi te soucier de moi, alors que tant d'autres sont déjà morts ? À lui de voir. Qu'il meure, puisque le massacre de tant de prétendants ne lui a pas servi de leçon et qu'il est dégoûté de la vie. Il mourra donc parce qu'il a voulu vivre avec moi, et une fin indigne sera le prix de son amour. Ma victoire n'inspirera pas de jalousie. Mais ce n'est pas ma faute. Ah ! Si tu voulais bien te désister, ou, puisque tu es fou, si tu étais plus rapide que moi ! Mais quel air de jeunesse sur ton visage d'enfant ! Ah! Malheureux Hippomène, je voudrais que tu ne m'aies jamais vue ! Tu méritais de vivre, si j'étais heureuse, si un destin contraire ne me refusait le mariage, tu serais le seul avec qui je voudrais partager ma vie. » Ainsi s'exprime-t-elle et, sans expérience encore, touchée pour la première fois par Cupidon, sans comprendre ce qu'elle fait, elle aime et ne reconnaît pas l'amour.

Déjà, aussi bien le peuple que les notables demandaient la course habituelle, quand le descendant de Neptune, Hippomène, m'invoqua d'une voix troublée : « Que la déesse de Cythère, je l'en supplie, assiste mon entreprise, dit-il, et qu'elle aide l'amour dont elle m'a enflammé. » Une brise favorable apporta jusqu'à moi cette flatteuse prière ; j'en fus touchée, je l'avoue ; je ne mis pas longtemps à l'aider. Il est un champ que les gens du pays appellent du nom de Tamasus, c'est la partie la plus riche de la terre de Chypre, leurs aïeux me l'avaient consacrée jadis et avaient ordonné de l'attribuer à mes temples. Au milieu de ce terrain, resplendit un arbre au fauve feuillage, aux rameaux crépitant d'or fauve. Arrivant par hasard de ce lieu, je portais dans ma main trois pommes d'or que j'avais cueillies. Invisible pour tous excepté pour Hippomène, je m'approchai de lui et je lui indiquai quel usage il devait en faire.

Mais voici que les trompettes donnent le signal : penchés en avant, les deux concurrents s'élancent hors de la barrière et effleurent de leurs pieds rapides la surface du sable. On a l'impression qu'ils pourraient raser les flots à pied sec et courir sur les blonds épis toujours dressés de la moisson. Des clameurs favorables au jeune homme l'encouragent, on lui dit : « Vas-y, vas-y, c'est le moment de forcer. Dépêche-toi, Hippomène. Vas-y de toutes tes forces. Ne perds pas de temps et tu vaincras. » On ne sait si c'est le héros, fils de Mégarée, ou la jeune fille, fille de Schénée, qui se réjouit le plus à ces paroles. Combien de fois, alors qu'elle aurait pu le dépasser, elle s'est attardée à regarder le visage du jeune homme et ne l'a quitté qu'à regret ! Lui, hors d'haleine, commence à avoir la bouche sèche de fatigue et la borne est loin. Alors enfin, le descendant de Neptune lance l'un des fruits de l'arbre. La jeune fille toute surprise, attirée par la pomme brillante, ralentit sa course et saisit l'or qui roule à terre. Hippomène fait une échappée ; les applaudissements des spectateurs résonnent dans le stade. Atalante, d'une foulée rapide, rattrape son retard et, à nouveau, laisse le jeune homme dans son dos. Encore une fois retardée par le jet d'une deuxième pomme, elle poursuit et dépasse le héros.

Venere Urania,
musée des Offices, Florence,
© Anderson-Viollet.

Reste la dernière partie de la course : « A présent, dit Hippomène, assiste-moi, déesse qui m'as offert ce présent ! » et sur un côté de la piste, pour retarder davantage Atalante, il lance en diagonale, d'un élan plein de jeunesse, le fruit d'or brillant. « Irais-je le chercher », semble se demander la jeune fille. Je la forçai à le saisir et j'ajoutai à son poids celui de la pomme qu'elle avait ramassée, je la gênai à la fois par ce poids et par son retard. Enfin, pour que mon récit ne soit pas plus lent que sa course elle-même, sache que la jeune fille fut distancée et que le vainqueur épousa celle qui était le prix de sa victoire.

TEXTE X : **Pomone, la déesse des vergers**

(Livre XIV, vers 622-694 et 765-771)

C'était au temps où Procas régnait sur le peuple du Palatin. Sous ce roi, parmi les hamadryades du Latium, nulle ne cultivait plus habilement les jardins que Pomone ; nulle autre ne montrait plus de goût pour les productions des arbres. De là vient son nom. Ce ne sont ni les forêts, ni les rivières qu'elle aime, mais la campagne et les rameaux chargés de fruits savoureux. Sa main ne porte pas de javelot, mais une serpe recourbée avec laquelle tantôt elle émonde la végétation surabondante et élague les branches qui s'étalent, tantôt elle greffe un bourgeon dans l'écorce fendue et fournit de la sève à ce greffon étranger. Elle ne supporte pas que les plantes souffrent de la soif et elle arrose d'eau courante les fibres recourbées de leurs racines altérées ; telle est sa passion, tel est son intérêt. Elle n'a aucun désir de Vénus. Cependant, comme elle craint la violence des habitants de ces campagnes, elle clôt ses vergers pour en interdire l'accès aux hommes qu'elle fuit. Que n'ont pas tenté alors les Satyres, jeunes gens faits pour la danse, et les Pans aux cornes couronnées de pin, et Silène, en apparence toujours plus jeune que son âge véritable, pour la séduire ?

Vertumne les surpassait tous par son amour mais n'était pas plus heureux qu'eux. O combien de fois sous l'apparence d'un rude moissonneur, il lui a porté des épis dans une corbeille ! Souvent, une guirlande de foin nouveau autour du front, il paraissait avoir retourné l'herbe coupée ; souvent il portait un aiguillon d'une main ferme, si bien qu'on aurait dit qu'il venait d'enlever le joug des jeunes bœufs fatigués. Avec une serpe, c'était un émondeur et un élagueur de vigne. S'il se chargeait d'une échelle, on aurait dit qu'il allait cueillir des fruits. C'était un soldat, avec une épée, un pêcheur avec une canne à pêche. Enfin, grâce à tous ces déguisements, il trouvait souvent le moyen de l'approcher, pour avoir la joie d'admirer sa beauté. Une fois même, la tête entourée d'un bandeau brodé, appuyé sur un bâton, des cheveux blancs aux tempes, il se déguisa en vieille femme, entra dans le verger bien cultivé et se mit à admirer les fruits : « Quelle profusion! », dit-il. Et aux compliments, il ajouta de petits baisers, tels que jamais n'en eût donnés une véritable vieille femme. Il s'assit par terre, tout courbé, levant les yeux vers les branches qui ployaient sous le poids des fruits d'automne. En face, il y avait un orme orné de grappes brillantes ; Vertumne admirait cet arbre ainsi que la vigne qui l'entourait : « Si ce tronc était resté célibataire, dit-il, privé de ces pampres, il n'aurait rien à offrir si ce n'est son feuillage. Cette vigne, elle aussi, qui est unie à l'orme et repose sur lui, si elle n'avait pas été mariée, tomberait et traînerait à terre. Pourtant, toi, tu n'es pas touchée par l'exemple de cet arbre et tu refuses de te marier. Ah! Si tu voulais! Tu serais sollicitée par plus de prétendants qu'Hélène, ou que celle qui a déclenché le combat des Lapithes ou que l'épouse d'Ulysse, audacieux avec les lâches. Même à présent, alors que tu fuis et que tu décourages tes amoureux, des milliers d'hommes te désirent et aussi des demi-dieux et des dieux, et toutes les divinités qui vivent sur les monts Albains. Mais toi, si tu es sage, si tu veux faire un bon mariage, écoute une vieille femme qui t'aime plus que tous ces amoureux, plus que tu ne crois. Rejette les partis vulgaires et choisis-toi Vertumne comme compagnon. Je te le garantis ; je le connais en effet aussi bien qu'il se connaît lui-même. Ce n'est pas un vagabond errant sur toute la terre ; il est installé dans ce vaste domaine, et contrairement à la plupart de tes prétendants, il n'aime pas la première venue. Toi, tu seras son premier et son dernier amour et à toi seule, il consacrera sa vie. Ajoute qu'il est jeune, qu'il a reçu de la nature le don de la beauté, qu'il peut prendre toutes les formes et si tu le lui ordonnes, il prendra l'apparence que tu voudras. De plus, n'aimez-vous pas les mêmes choses ? Ces fruits que tu cultives, il est le premier à les recevoir et c'est avec joie qu'il prend tes dons dans ses mains. Mais à présent, il ne désire ni les fruits cueillis sur l'arbre ni les plantes aux doux sucs que ton jardin nourrit, il ne désire rien, excepté toi. Aie pitié de cet amoureux ardent et ce qu'il demande, sois sûre que lui-même t'en prie par ma bouche. Crains les dieux vengeurs, la déesse d'Idalion qui déteste les cœurs durs et la déesse de Rhamnonte dont la colère n'oublie jamais rien . »

A ces mots, le dieu déguisé en vieille femme quitta l'apparence de la vieillesse et redevint jeune homme. Il apparut à Pomone semblable au soleil resplendissant, quand il a vaincu les nuages amoncelés et qu'il brille à nouveau sans obstacle. Alors, la nymphe fut séduite par sa divine apparence et elle ressentit la même blessure d'amour que lui.

LA CRÉATION DU MONDE

TEXTE I : Les quatre âges de l'humanité

Les différences entre les quatre âges

1. Dans un tableau à quatre colonnes, notez les différences entre les quatre âges de l'humanité.
2. A partir des éléments relevés dans le texte, décrivez plus longuement que ne le fait Ovide l'âge de bronze.
3. Quels sont les temps utilisés dans l'ensemble du texte ? Notez et commentez les changements de temps entre le dernier paragraphe et le reste du texte.
4. Quels rapports pouvez-vous établir entre l'âge de fer et le monde contemporain ? Donnez des exemples précis tirés de l'actualité.

La Chute

1. Commencez à élaborer l'arbre généalogique des dieux en plaçant en premier lieu Saturne et son fils Jupiter qu'il a eu de la déesse Rhéa. Vous le remplirez au fur et à mesure que vous rencontrerez des dieux et des déesses dans les textes des *Métamorphoses*. Chaque fois que vous le pouvez, notez quels sont leurs attributs. Pour vous aider, vous pouvez utiliser des dictionnaires de mythologie et des encyclopédies.

2. Cherchez en particulier qui est la déesse Cérès. Pourquoi a-t-elle donné son nom au terme générique : céréales ?
3. Initiation à l'argumentation :
À partir des passages suivants : « Le pin n'était pas encore abattu sur les montagnes pour descendre jusqu'aux ondes limpides et aller visiter des terres étrangères ; les mortels ne connaissaient d'autre rivage que les leurs » et « ce qui s'était longtemps dressé au sommet des montagnes, devenu carène de navire, bondit sur les flots inconnus », recherchez quels bienfaits ou quels méfaits peuvent entraîner les voyages.

Déchargement d'un navire, milieu du IIIe siècle, Mosaïque, marbre et verre, musée du Bardo, © Bulloz.

L'âge d'or dans la littérature

Voltaire, un philosophe du XVIIIe siècle, écrit dans un poème intitulé *Le Mondain* :

Regrettera qui veut le bon vieux temps
Et l'âge d'or, et le règne d'Astrée,
Et les beaux jours de Saturne et de Rhée,
Et le jardin de nos premiers parents ;
Moi, je rends grâce à la nature sage
Qui, pour mon bien, m'a fait naître en cet âge (...)
Oh! le bon temps que ce siècle de fer!

1. A l'aide du texte I d'Ovide, expliquez les expressions : « âge d'or », « règne d'Astrée », « beaux jours de Saturne et de Rhée », « siècle de fer ».

2. Comment comprenez-vous le dernier vers ? Donnez des arguments pour soutenir la thèse de Voltaire.
3. Auriez-vous aimé vivre à une autre époque que la vôtre ? Donnez votre point de vue en quelques lignes ou oralement.

TEXTE II : Le Déluge

Les causes du déluge

1. Cherchez dans le texte I les diverses raisons qui, à votre avis, amènent Jupiter à détruire l'humanité.
2. Classez ces raisons selon les vices auxquels elles renvoient.

Une évocation poétique du déluge

1. Observez le passage jusqu'à la ligne 12 : « les dauphins occupent les forêts ». Soulignez en rouge les termes qui appartiennent au champ lexical de la terre, en vert ceux qui appartiennent au champ lexical de l'eau.
2. Comment ces termes se succèdent-ils ? Quel est l'effet produit ?
3. Relevez quelques phrases décrivant des situations étranges provoquées par le déluge. Commentez les effets qu'elles produisent.

Un mythe universel

Le Déluge est un mythe universel. Cherchez dans les textes religieux, dans la littérature ou dans des œuvres picturales des descriptions de déluge.

Comparez la description du déluge dans les *Métamorphoses* et la gravure de Gustave Doré intitulée *Le Déluge* (page 38).

Gustave Doré, *Le déluge*, Bibliothèque Nationale, © Bulloz.

TEXTE III : Le mythe de Deucalion et Pyrrha

Un couple exemplaire

1. Pourquoi Deucalion et Pyrrha ont-ils échappé au déluge ? Justifiez votre réponse en vous appuyant sur des expressions précises du texte. Comment ces personnages sont-ils successivement désignés ?

2. Quelles tournures grammaticales expriment l'inquiétude des personnages ?
3. Pourquoi Jupiter décide-t-il de disperser les nuages et d'arrêter ainsi le déluge ?
4. Par quelle périphrase Neptune, le dieu des mers, est-il désigné ? Quel est son attribut essentiel ? N'oubliez pas de compléter l'arbre généalogique des dieux.
5. Comment la décrue des eaux est-elle amorcée ? A quel mouvement d'une bataille est-elle comparée ? Relevez les termes qui le montrent.
6. Quel nouveau dieu apparaît ici ? Relevez les éléments qui le décrivent et l'attribut qui le caractérise. Cherchez dans un dictionnaire le sens actuel de son nom devenu un nom commun.

La Bible et l'Arche de Noé

Voici un passage de la Bible, qui raconte une histoire proche de celle de Deucalion et Pyrrha :

Noé était un homme juste, intègre parmi ses contemporains, et il marchait avec Dieu. (...) Dieu dit à Noé : «La fin de toute chair est arrivée, je l'ai décidé, car la terre est pleine de violence à cause des hommes et je vais les faire disparaître de la terre. Fais-toi une arche en bois résineux, tu la feras en roseaux et tu l'enduiras de bitume en dedans et en dehors. (...) Pour moi, je vais amener le déluge, les eaux, sur la terre, pour exterminer de dessous le ciel toute chair ayant souffle de vie : tout ce qui est sur la terre doit périr. Mais j'établirai mon alliance avec toi et tu entreras dans l'arche, toi et tes fils, ta femme et les femmes de tes fils avec toi. De tout ce qui vit, de tout ce qui est chair, tu feras entrer dans l'arche deux de chaque espèce pour les garder en vie avec toi.» (...) Noé – avec ses fils, sa femme et les femmes de ses fils – entra dans l'arche pour échapper aux eaux du déluge. (...) Il y eut le déluge pendant quarante jours sur la terre ; les eaux grossirent et soulevèrent l'arche, qui fut élevée au-dessus de la terre. Les eaux montèrent et grossirent beaucoup sur la terre et l'arche s'en alla à la surface des eaux. (...) Ainsi disparurent tous les êtres qui étaient à la surface du sol, depuis l'homme jusqu'aux bêtes, aux bestioles et aux oiseaux du ciel : ils furent effacés de la

terre et il ne resta que Noé et ce qui était avec lui dans l'arche.
Genèse 6-7

1. Pourquoi Noé et les siens ont-ils été choisis par Dieu pour échapper au Déluge ?
2. Quelles consignes Dieu donne-t-il à Noé ? Dans quel but ?
3. Comment peut-on expliquer les nombreuses répétitions du texte biblique ?

L'énigme de l'oracle

1. Indiquez sur la carte de la Grèce ancienne où se situent le mont Parnasse et le fleuve Céphise.

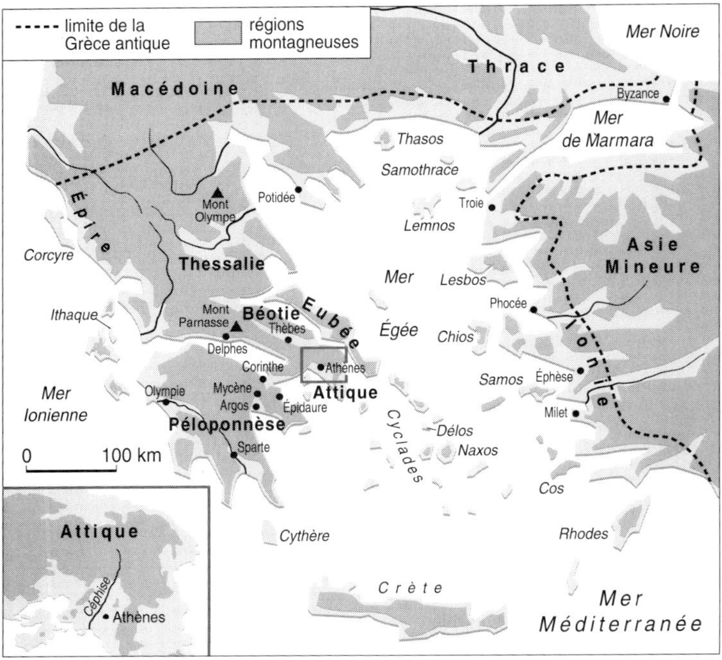

La Grèce antique.
document manquant

2. Thémis est la déesse de la Justice. Quelle est sa fonction dans le texte ?
3. D'après le passage des lignes 66-67, indiquez oralement les divers rites nécessaires pour consulter un oracle.
4. Quelles sont les réactions des deux personnages, lorsqu'ils entendent les paroles de l'oracle ? Quelle qualité essentielle ces réactions révèlent-elles ?

Les Titans et la création des hommes

– Recherche : Les Titans

1. Comment sont désignés ligne 92 et ligne 98 Deucalion et Pyrrha ? Cherchez dans un dictionnaire de mythologie qui sont Prométhée et Épiméthée.
2. Saturne, le père de Jupiter, que nous avons rencontré dans le texte I, est également un Titan. Quelle conclusion sur les rapports entre les dieux et les Titans tirez-vous de la lutte de Saturne et de Jupiter ainsi que de l'histoire de Prométhée ?
3. Relisez dans le texte III le passage de la ligne 60 à la ligne 63. Quelle légende sur Prométhée est ici évoquée ? Quels liens pouvez-vous établir entre cette légende et la conclusion du texte III ?

– Les Titans dans la littérature

Victor Hugo *La Légende des siècles*, « Le Titan » (1859)

II
Sous l'Olympe

Cependant un des fils de la terre farouche,
Un titan, l'ombre au front et l'écume à la bouche,
Phtos le géant, l'aîné des colosses vaincus,
Tandis qu'en haut les dieux, enivrés par Bacchus,
Mêlent leur joie autour de la table royale,
Rêve sous l'épaisseur du mont épouvantable.
Les maîtres, sous l'Olympe, ont, dans un souterrain,
Jeté Phtos, l'ont lié d'une corde d'airain,

Puis ils l'ont laissé là, car la victoire heureuse
Oublie et chante : et Phtos médite ; il sonde, il creuse,
Il fouille le passé, l'avenir, le néant.
Oh! quand on est vaincu, c'est dur d'être géant!

1. Cherchez dans une encyclopédie où se trouve le mont Olympe. De qui ce mont est-il la demeure ? Comment ses habitants sont-ils désignés dans le poème ?
2. Phtos, comme Saturne et Prométhée, appartient à la race des Titans. Par quels autres termes synonymes est-il désigné ?
3. Comment s'exprime l'opposition entre les Titans et les dieux ? Justifiez votre réponse en vous appuyant sur des détails précis du texte.

DES LÉGENDES COSMIQUES

TEXTE IV : Phaéton et le char du Soleil

Au palais du Soleil

Lisez le texte IV (page 11) jusqu'à : « qu'en tant que père, je ne peux renier ».

1. Quel champ lexical structure la description du palais du Soleil et de ses habitants ? Relevez tous les termes et groupez-les selon leur classe grammaticale (substantifs, adjectifs, verbes).
2. Comment le Soleil est-il également nommé dans le texte ? Cherchez le sens de ce deuxième nom dans un dictionnaire étymologique.

3. Pourquoi, selon vous, le Soleil est-il entouré des saisons et des différents moments du temps ?
4. Relevez et justifiez les détails descriptifs qui caractérisent chaque saison. Comparez-les avec la description des saisons telles qu'elles apparaissent à l'âge d'argent (texte I).

La personnification du printemps

Lecture de l'image (page 12) : Le Printemps (peinture provenant de Stabies- Musée national de Naples)

1. Quels éléments de cette peinture permettent d'identifier le printemps ?
2. Quelle figure de style permet de représenter la saison ?
3. Décrivez cette image le plus exactement possible.
4. De même qu'Ovide caractérise les quatre saisons, décrivez à votre tour, en quelques mots évocateurs, le Jour, le Mois, l'Année, les Siècles et les Heures.

Un serment imprudent

1. Par quel geste le Soleil passe-t-il du rôle de dieu à celui de père ? Que symbolise un tel geste ?
2. Quelle faveur Phaéton demande-t-il à son père ? Cherchez dans un dictionnaire le sens commun du mot « phaéton ». Quelles attentes de lecture vous suggère cette signification ?
3. Relevez les différentes raisons pour lesquelles le Soleil, malgré sa puissance, ne peut refuser d'accéder au vœu de son fils. Classez-les par ordre croissant d'importance.
4. Récapitulez les différents arguments utilisés par le Soleil pour dissuader Phaéton de son projet.

L'attelage du Soleil

1. Lisez attentivement la description du char (lignes 54 à 63). Cherchez dans un dictionnaire le sens des mots que vous ne connaissez pas. En vous aidant de cette reproduction

Quadrige de course.
© Giraudon

d'un char antique, dessinez et coloriez le char du Soleil. Donnez son nom à chaque partie.

2. Qui est Vulcain ? Quels sont ses attributs ? Quelle est sa fonction ? Complétez l'arbre généalogique des dieux.

3. Quel est le nom de matériau trois fois répété pour décrire les éléments du char ?

4. Montrez comment est formé le mot « chrysolithe ». Donnez des mots formés sur les deux radicaux qui le composent et cherchez leur sens dans le dictionnaire.

La chute de Phaéton

– La peur du héros

1. Êtes-vous surpris par le dénouement du récit ? Pour vous aider, relisez les paroles du Soleil à Phaéton (lignes40 à 53).

2. Étudiez le vocabulaire des sensations dans le texte IV (lignes 107 à 151).

3. Montrez l'évolution du comportement et des réactions de Phaéton.
4. Relevez tous les termes qui appartiennent au vocabulaire de la peur. Comment la peur de Phaéton s'exprime-t-elle ? Quelle impression le lecteur éprouve-t-il ?

– La mort du héros

1. Quels phénomènes naturels la légende de la chute de Phaéton permet-elle d'expliquer ?
2. Que pensez-vous de ce type d'explication ?
3. A votre tour, inventez et écrivez une légende qui permettrait d'expliquer un phénomène naturel de votre choix.
4. Quels effets la course folle du char du Soleil a-t-elle sur l'univers ? Quel champ lexical structure le passage ? Notez toutes les expressions qui s'y rapportent et classez-les selon leur classe grammaticale.
5. Relisez l'épitaphe gravée par les naïades de l'Hespérie sur la tombe de Phaéton. Dites en quoi, malgré son échec, Phaéton peut être cependant qualifié de héros.

TEXTE V : **La geste de Persée**

Présentation de Persée

Péplum et mythologie : *Le Choc des Titans*, film américain de Desmond Davis, 1980.

1. Lisez l'article « Persée » du *Dictionnaire de la mythologie grecque et romaine* de Pierre Grimal, PUF, Paris, 1951, pages 361-362.
2. Après avoir visionné *Le Choc des Titans*, relevez les ressemblances et les différences entre la légende, présentée par P. Grimal à partir de textes littéraires antiques, et l'interprétation proposée par ce péplum.

3. Comment le héros est-il présenté dans les *Métamorphoses* au début du texte V (lignes 1 à 9) ?

La première épreuve de Persée : Atlas

– Atlas, nom propre ou nom commun ?

1. Qu'évoque pour vous le nom d'Atlas ?
2. S'agit-il d'un nom propre ou d'un nom commun ?
3. Dans ce dernier cas, quels sont les divers sens de ce terme ? Si vous les ignorez, cherchez dans un dictionnaire.
4. Connaissez-vous d'autres noms propres qui ont évolué de cette manière ?

– Le personnage d'Atlas

1. En vous aidant de votre lecture de *Phaéton et le char du Soleil*, relevez les différents termes qui permettent de situer le royaume d'Atlas.
2. Comment le personnage d'Atlas est-il caractérisé ? Quel est en particulier son aspect physique ? Quelles sont ses diverses qualifications (origines, titre, occupation etc.) ?
3. Quel mot répété insiste sur la richesse d'Atlas ?
4. Le dialogue des deux personnages est fondé sur un quiproquo. Lequel ?

Atlas soutient le globe céleste,
Musée national, Naples,
© Alinari Anderson-Giraudon.

5. Comment Atlas est-il transformé en montagne ?
6. Comment Ovide fait-il le lien entre les différentes versions de la légende ?

La deuxième épreuve : Andromède et le monstre marin

1. Racontez oralement l'anecdote. Dans quelle région se situe l'action ? Donnez le nom des personnages en présence et leurs liens familiaux.
2. Cherchez sur une carte du ciel les constellations de Céphée, de Cassiopée et d'Andromède. Comment est formé le mot constellation ?
3. Précisez quels personnages se trouvent en situation de sujet, d'objet de valeur, d'opposant (ou d'anti-sujet) et d'adjuvant. Appuyez votre analyse sur des termes précis du texte.
4. Cherchez dans un dictionnaire étymologique ou dans un dictionnaire latin-français l'origine du mot monstre.
5. On trouve dans la description du combat de Persée contre le monstre de nombreuses comparaisons. Relevez-les et justifiez-les dans le contexte. Notez pour chacune d'elles l'outil grammatical utilisé (préposition, conjonction, adjectif, verbe).

Les monstres marins dans la littérature

La description du monstre marin est un *topos* (ou lieu commun) de la littérature. L'une des toutes premières que nous connaissons se trouve au chant XII de *L'Odyssée* d'Homère, épopée qui raconte les voyages d'Ulysse vers Ithaque :

Aucun homme, quelle que soit sa force, ne pourrait du creux de son navire, atteindre d'une flèche le fond de la caverne. A l'intérieur, niche Scylla, qui aboie affreusement ; sa voix est celle d'une chienne qui vient de naître, mais c'est un monstre terrible. Personne, pas même un dieu, n'aurait de plaisir à la voir en face. Elle a douze pieds difformes, qu'elle agite tous ensemble, et six cous très longs ; et au bout de chacun, une tête effrayante, munie de trois rangées de dents, serrées et innombrables, pleines des ténèbres de la mort. Elle est enfoncée à mi-corps dans le creux de la caverne : seules ses têtes sortent du terrible trou ; et de là, explorant le rocher, elle pêche dauphins et chiens de mer, ou même quelque monstre plus gros, comme en nourrit la mugissante Amphitrite. Jamais encore marin ne peut se vanter d'être passé par là sans dommage avec son navire ; car avec chacune de ses têtes Scylla ravit un membre de l'équipage dans le vaisseau à la proue sombre.

L'autre rocher est plus bas, comme tu le verras, Ulysse. Il y pousse un grand figuier, au feuillage abondant ; à son pied, la divine Charybde engloutit l'eau sombre ; trois fois par jour elle la vomit, et trois fois elle l'avale : c'est terrible ! Personne alors ne pourrait te sauver, pas même Poséïdon. Passe donc plutôt du côté de Scylla, en longeant le rocher au plus vite ; il vaut mieux avoir à déplorer la mort de six hommes sur ton navire, que de perdre tout l'équipage.

1. En vous appuyant sur les détails du texte d'Homère, expliquez l'expression : tomber de Charybde en Scylla.
2. Quel est le nom latin de Poséïdon ? Cherchez qui est Amphitrite. Placez-la sur l'arbre généalogique des dieux.

Voici deux textes, l'un du XVIIe siècle, l'autre du XIXe, qui décrivent également des monstres marins.

Jean Racine, *Phèdre*, acte V, scène 6 (1677).

Cependant sur le dos de la plaine liquide
S'élève à gros bouillons une montagne humide.
L'onde approche, se brise, et vomit à nos yeux,
Parmi des flots d'écume, un monstre furieux.
Son front large est armé de cornes menaçantes ;
Tout son corps est couvert d'écailles jaunissantes ;
Indomptable taureau, dragon impétueux,
Sa croupe se recourbe en replis tortueux.
Ses longs mugissements font trembler le rivage.

• Notez les éléments communs de la description du monstre marin dans le texte d'Ovide et dans celui de Racine.

Jules Verne, *Vingt mille lieues sous les mers* (1869).

Devant mes yeux s'agitait un monstre horrible, digne de figurer dans les légendes tératologiques.

C'était un calmar de dimensions colossales, ayant huit mètres de longueur. Il marchait à reculons avec une extrême vélocité dans la direction du Nautilus. Il regardait de ses énormes yeux fixes à teintes glauques. Ses huit bras ou plutôt ses huit pieds, implantés sur sa tête, qui ont valu à ces animaux le nom de céphalopodes, avaient un développement double de son corps et se tordaient comme la chevelure des Furies. On voyait distinctement les deux cent cinquante ventouses disposées sur la face interne des tentacules sous forme de capsules semi-sphériques. Parfois ces ventouses s'appliquaient

Animaux marins sur fond noir, mosaïque, musée national archéologique, Naples, © Alinari-Giraudon.

sur la vitre du salon en y faisant le vide. La bouche de ce monstre — un bec de corne fait comme le bec d'un perroquet — s'ouvrait et se refermait verticalement.

1. Expliquez par l'étymologie les mots : tératologique, colossal et céphalopode.
2. Cherchez dans un dictionnaire de mythologie qui sont les Furies. Expliquez la comparaison utilisée par J. Verne.
3. Découpez dans des magazines des images d'animaux. En assemblant différentes parties, créez à votre tour des monstres fabuleux. Écrivez des textes pour les décrire. Soyez attentifs à l'utilisation des champs lexicaux.

Un retour en arrière : la tête de la Méduse

Relisez la fin du texte V, en particulier les lignes 169 à 205.

1. Précisez quelle est la situation finale du récit de la rencontre entre Persée et le monstre marin.
2. Qui est le narrateur du récit de la mort de la Méduse ? A quelle occasion ?
3. Sur une ligne du temps, situez les noces de Persée et les diverses épreuves du héros.
4. Quelles épreuves Persée traverse-t-il successivement avant de vaincre la Méduse ?
5. Cherchez dans un dictionnaire le sens du verbe méduser et de l'expression être médusé.
6. Racontez oralement le stratagème que Persée a utilisé pour tuer la Méduse sans que celle-ci le pétrifie.

Le mythe de la Méduse en peinture et en littérature

1. Sur un panneau, présentez la généalogie de la Méduse (ascendance et descendance). Pour vous aider, vous pouvez utiliser l'article « Persée » et l'article « Gorgone » du *Dictionnaire de la mythologie grecque et romaine* de P. Grimal.
2. Pour décorer votre panneau, dessinez en vous aidant des éléments du texte la tête de la Méduse. Vous pouvez aussi regarder dans des livres d'art des reproductions de

tableaux tels que l'*Autoportrait en Méduse* du Caravage (1596-1598), *Tête de Méduse* de Rubens (vers 1618) ou des statues comme la *Méduse* de Bernin, et également le *Persée* de Benvenuto Cellini (page 18).

Athéna Promachos,
Musée National, Naples,
© Alinari-Viollet.

3. Voici comment P. Quignard, un écrivain contemporain, raconte l'affrontement de Persée et de la Méduse dans une nouvelle intitulée *Petit traité sur Méduse* :

Il prit sa lance, son bouclier, son épée, son casque et partit vers la mort, à l'ouest du monde. Il entra en possession de sept objets magiques : les deux sandales ailées, la faucille et la besace, la dent unique et l'œil unique des Grées, le bonnet en peau de chien du dieu des morts. Il trouva le repaire de la femme à visage de femme vue de face. Pour éviter de croiser son regard, il prit deux précautions : 1. Persée décida de pénétrer de nuit dans la grotte monstrueuse, 2. Persée polit son bouclier. (...)

Alors Persée, la tête toujours tournée vers le fond de la grotte, s'aidant du miroir pour entr'apercevoir l'ombre du corps, leva la faucille. Il trancha la tête de la femme à face de femme. Tâtonnant dans sa nuit, il enfouit la tête dans sa besace et l'apporta à la déesse de la cité d' Athènes qui la plaça au centre de son égide.

P. Quignard, *Le Nom sur le bout de la langue*, folio, Gallimard, 1995.

1. Cherchez dans un dictionnaire le sens propre et le sens figuré du mot égide.

2. Quels sont les divers noms de « la déesse de la cité d'Athènes » ?

3. En relisant le dernier paragraphe du récit de Persée, précisez les rapports qui existent entre la déesse et la Méduse.

LES MYTHES DE LA CONNAISSANCE

TEXTE VI : Narcisse et la connaissance de soi

Les promesses du titre

1. Cherchez dans un dictionnaire le sens du nom commun « narcisse ». Lisez la dernière phrase du texte. A quel phénomène le lecteur assiste-t-il ?

2. Quel rapport pouvez-vous établir entre la fleur précédemment évoquée et le personnage de Narcisse ? Comment appelle-t-on cette transformation ?

3. Connaissez-vous l'expression : « être narcissique » ? Quel est le substantif correspondant à cette expression ? Écrivez deux phrases en utilisant successivement ces termes.

4. Dans quel lieu se passe cette histoire ? Relevez tous les éléments descriptifs. Pourquoi ce lieu est-il agréable et presque magique ? Justifiez votre réponse

5. A votre tour, racontez en une vingtaine de lignes la métamorphose d'un personnage de votre choix en un élément végétal (fleur ou plante). Précisez dans votre récit les raisons qui ont entraîné cette métamorphose.

Le jeune homme et son double

1. Précisez qui est l'objet de l'amour de Narcisse. Justifiez votre réponse en vous appuyant sur des expressions significatives du texte.

2. Relevez dans les lignes 15 à 21 les termes qui décrivent Narcisse. Comment, à partir de ce relevé, définiriez-vous ce personnage ?

3. Lisez à haute voix les paragraphes 2, 3 et 4. Que remarquez-vous de particulier dans le style ?

4. Relevez dans ces paragraphes toutes les répétitions de terme et disposez-les dans un tableau à deux colonnes. Quelles remarques pouvez-vous faire ?
5. Quel champ lexical souligne la folie d'un tel amour ?

Autoportrait en Narcisse

– Lecture de l'image

1. Observez cette reproduction d'une peinture de Pompéi. Quels éléments identiques trouve-t-on dans cette peinture et dans le texte d'Ovide ?
2. Certains critiques pensent qu'Ovide s'est souvent inspiré, pour ses propres descriptions, d'œuvres picturales qu'il avait pu admirer. Que pensez-vous de cette hypothèse ?

– Écriture

Comme Narcisse, observez-vous dans un miroir. Écrivez en une vingtaine de lignes votre autoportrait, c'est-à-dire votre propre description.

(Pour vous aider, faites préalablement des recherches lexicales afin de caractériser et de décrire avec précision la forme de votre visage, votre front, vos cheveux, vos yeux, votre bouche, etc.)

– Littérature

L'écrivain Cyrano de Bergerac (1619-1655) écrit dans une lettre de 1654 *Sur l'ombre que faisoient les arbres dans l'eau* :

Le ventre couché sur le gazon d'une rivière, et le dos étendu sous les branches d'un saule qui se mire dedans, je vois renouveler aux arbres l'histoire de Narcisse : cent peupliers précipitent dans l'onde cent autres peupliers, et ces aquatiques ont été tellement épouvantés de leur chute, qu'ils tremblent encore tous les jours du vent qui ne les touche pas... Mais que dirai-je de ce miroir fluide, de ce petit monde renversé, qui place les

Narcisse à la fontaine,
fresque, maison de Marcus Lucretius Fronto (Pompéi),
© coll. Viollet.

chênes au-dessous de la mousse, et le ciel plus bas que les chênes ?

Aujourd'hui le poisson se promène dans les bois, et des forêts entières sont au milieu des eaux sans se mouiller ; un vieil orme, entre autres, vous ferait rire, qui s'est quasi couché jusque dessus l'autre bord, afin que, son image prenant la même posture, il fît de son corps et de son portrait un hameçon pour la pêche.

1. Relevez dans le premier paragraphe deux expressions (un verbe et un substantif) qui, comme dans l'histoire de Narcisse, indiquent le reflet.
2. Pourquoi l'auteur dit-il qu'il voit renouveler aux peupliers l'histoire de Narcisse ?
3. Commentez l'expression : « ce petit monde renversé ». A quel élément du décor décrit dans le texte d'Ovide cette expression pourrait-elle convenir. ?

TEXTE VII : Le vol d'Icare

Une légende crétoise

Lisez les quatre premières phrases du texte VII intitulé *Le Vol d'Icare*.

1. Relevez les noms propres. Classez-les en nom de lieu et en nom de personne.
2. Situez la Crète sur la carte de la Méditerranée (page 40). Comment comprenez-vous la phrase : « Dédale était retenu captif par la mer. » ?
3. Cherchez dans un dictionnaire de mythologie qui est Minos. A quelle légende ce personnage se rattache-t-il ? Qu'évoque pour vous le nom de Minotaure ?
4. A partir de vos recherches, racontez oralement l'histoire de Thésée, d'Ariane et du Minotaure. A partir de cette histoire, faites des hypothèses sur les raisons qui poussent Minos à retenir Dédale.
5. Connaissez-vous le sens du nom commun « dédale » ? Quel est, selon vous, le métier de Dédale ?

Un art dangereux

Lisez l'ensemble du texte VII.

1. Dans les paroles de Dédale, qui désigne le pronom personnel « nous » (ligne 4) ?
2. Repérez le personnage d'Icare. Comment est-il successivement désigné ?
3. Quel lien unit Dédale et Icare ? Justifiez votre réponse en vous appuyant sur des mots précis du texte.
4. Transposez au discours indirect les paroles que prononce Dédale au début du texte (lignes 2 à 5), en utilisant comme proposition principale successivement : « Dédale dit que » et « Dédale disait que ». Comment Dédale compte-t-il quitter la Crète avec son fils ?
5. Par quelles attitudes s'exprime la jeunesse d'Icare ?
6. Icare dans la littérature de jeunesse : Hans Baumann *J'ai bien connu Icare*, Castor Poche, Flammarion, 1978 (traduit de l'allemand par Claude Greis).

– Quel moment du récit est illustré par le dessin de Christian Broutin sur la première page de couverture ? Justifiez votre réponse.

– Après avoir lu le roman, indiquez les passages qui reprennent le récit d'Ovide.

Le modèle des oiseaux

1. A partir du plan du récit, proposez des titres pour chaque partie.
2. Proposez un autre plan possible du texte et justifiez votre proposition.
3. Relisez le début du texte de la ligne 6 à la ligne 29 et notez toutes les répétitions de termes.
3. Recherchez dans le texte le champ lexical du vol des oiseaux. Classez les mots relevés selon leur classe grammaticale.
4. A quoi Ovide compare-t-il la disposition des plumes ? Relevez le mot outil qui introduit la comparaison. Dessinez le comparant en suivant le texte le plus près pos-

sible. Connaissez-vous un autre nom de cet instrument de musique ?

5. Sur quelle figure de style la phrase : « Il s'envola le premier (...) ses tendres oisillons dans les airs. » est-elle bâtie (lignes 32 à 35) ? Vous paraît-elle justifiée par le contexte ?

6. A l'aide du texte, remplissez le schéma ci-dessous en indiquant les éléments qui représentent un danger pour Icare :

plus haut ===> **danger** = ?
à mi-distance = la bonne voie
plus bas ===> **danger** = ?

7. Quelle voie Icare prend-il en définitive ? Pourquoi ? Justifiez votre réponse.

Du mythe à la réalité

– Un peu de géographie

1. Sur la carte de la Grèce (page 40), dessinez le trajet du vol de Dédale et d'Icare.

2. A quels archipels appartiennent les différentes îles nommées ?

3. Vous connaissez sans doute le nom de l'île de Samos par la publicité d'un fromage... Cherchez dans un guide de voyage ou dans une encyclopédie les raisons pour lesquelles les îles de Délos et de Paros étaient célèbres dans l'Antiquité. Pour vous aider, relisez aussi l'histoire de Narcisse.

– Les Icares modernes

De nombreux textes littéraires du XXe siècle décrivent la difficulté et le bonheur de voler :

Texte I Antoine de Saint-Exupéry, *Vol de Nuit*, Folio, Gallimard, 1931 (Préface d'André Gide), pages 137-139.

1. Cherchez dans *Le Vol d'Icare* une expression qui résume la réaction du pilote lorsqu'il aperçoit les étoiles.

2. Écrivez une suite possible du texte.

Texte II Joseph Kessel, *L'Équipage*, Folio, Gallimard, nouvelle édition revue et corrigée, 1969, pages 84-85 .

1. Relevez dans ce texte des termes déjà relevés dans *Le Vol d'Icare*. A quel champ lexical appartiennent-ils ?
2. Dans quel contexte se déroule le récit de Kessel ? Justifiez votre réponse.

DES HISTOIRES D'AMOUR

TEXTE VIII : Histoire de Pygmalion

1. Connaissez-vous le mot « pygmalion » ? S'agit-il d'un nom propre ou d'un nom commun ?
2. Quelles sont les attentes de lecture suggérées par le titre *Histoire de Pygmalion* ?

La mise en place du récit : les personnages, les lieux

1. Relevez dans le texte les noms propres plusieurs fois répétés. Précisez la fonction de chaque occurrence.
2. Que suggèrent les diverses fonctions sur le rôle respectif des personnages dans l'histoire ?
3. Faites des recherches sur Vénus. Comment est-elle née ? Quel est son rôle dans le panthéon des dieux gréco-romains ? Quels sont ses attributs traditionnels ?

Vénus Génitrix, réplique romaine,
Paris, musée du Louvre,
© Giraudon.

4. Complétez l'arbre généalogique des dieux, en plaçant Vénus et son fils, Cupidon.
5. Cherchez dans le texte comment est désignée la statue qu'a sculptée Pygmalion.
6. Comment est-elle décrite ? Relevez les termes qui appartiennent au champ lexical de l'apparence humaine et ceux qui décrivent la statue.
7. Trois substantifs utilisés dans le texte latin : *opus* (=œuvre), *corpus* (=corps) et *virgo*, (=vierge, jeune fille) sont des mots-radicaux, à l'origine de familles étymologiques en français. Cherchez pour chacun d'eux le plus grand nombre de mots possibles.

Les étapes du récit

1. Situez l'île de Chypre sur une carte du monde grec.
2. Pourquoi Pygmalion refuse-t-il de se marier ? Quels termes synonymes décrivent son célibat ?
3. Quelle est, dans la première phrase, la valeur des deux verbes à l'imparfait ?

4. Quel est l'élément qui transforme la situation initiale ? Quel complément introduit cette transformation ? Quel est le temps des verbes de la deuxième phrase ?
5. Relevez, analysez et classez les formes verbales du texte. Cette analyse permet-elle d'en préciser les mouvements narratifs ?

Réalisme et surnaturel

1. A quelles manifestations surnaturelles voyons-nous que Vénus accède au vœu de Pygmalion ?
3. Quel geste de Pygmalion, plusieurs fois évoqué, semble favoriser la métamorphose de la statue ? Soyez attentifs aux répétitions de termes.
4. Comparez les lignes 10 à 16 et 40 à 49. Comment, d'un extrait à l'autre, la transformation est-elle rendue sensible ?
5. Résumez oralement la situation finale. Quelle formule finale traditionnelle des contes de fées pourrait-on utiliser ?
6. Précisez le registre de l'histoire de Pygmalion.

TEXTE IX : **Atalante et Hippomène**

Vénus narratrice

1. Racontez oralement la situation initiale et la situation finale.
2. Pourquoi Atalante est-elle effrayée par l'oracle concernant son possible mariage ?
3. Connaissez-vous d'autres héros de la mythologie qui ont tenté d'échapper aux prédictions d'un oracle ?
4. Atalante est caractérisée par deux qualités essentielles. Lesquelles ? En quoi l'une d'elles peut-elle paraître incroyable ? Quel mot souligne l'étonnement ?
5. Le substantif latin *fabula* a produit plusieurs mots en français (noms, adjectifs, verbes). Justifiez le sens de ces mots par l'étymologie.

Amour et course à pied

– Une athlète

1. Deux champs lexicaux, apparemment contradictoires, celui de la course et celui de l'amour, structurent le récit. Relevez-les en deux ensembles. Quel(s) rapport(s) pouvez-vous établir entre ces deux ensembles ?
2. Relevez dans le texte deux métaphores qui décrivent la rapidité d'Atalante.
3. A l'imitation de Vénus, racontez en une quinzaine de lignes la course à pied d'une athlète moderne. N'oubliez pas de décrire précisément votre héroïne (physique, vêtements, attitudes).
4. Déterminez les étapes du récit. Donnez un titre significatif à chacune des parties ainsi repérées. Justifiez votre choix en vous appuyant sur des éléments précis (vocabulaire ; ponctuation ; interventions des personnages etc.).

– Une amoureuse

Relisez le passage de la ligne 55 à la ligne 83.

1. Comment Atalante parle-t-elle d'Hippomène ? Relevez en particulier les différents pronoms qui désignent le jeune homme.
2. Selon vous, à qui s'adresse-t-elle exactement, à Hippomène ou à elle-même ? Comment appelle-t-on un texte dans lequel un personnage s'adresse à lui-même ?
3. Atalante est-elle consciente de ses sentiments ? Justifiez votre réponse.
4. Expliquez l'expression : « touchée par Cupidon ». Comment représente-t-on traditionnellement ce dieu ?
5. En latin, *cupido, cupidinis* (m) qui désigne Cupidon, peut être nom commun. Il signifie alors désir, envie, passion. Proposez une autre traduction de cette expression.
6. Relevez lignes 89-90 la périphrase qui désigne Vénus. Expliquez-la à l'aide d'une encyclopédie ou d'un dictionnaire mythologique.
7. Racontez oralement la ruse inspirée à Hippomène par Vénus pour vaincre Atalante à la course. Estimez-vous

honnête et / ou habile la manière dont Hippomène a vaincu Atalante ? Défendez votre thèse, puis la thèse adverse, en apportant trois arguments pour chacune.

TEXTE X : **Pomone, la déesse des vergers**

Un environnement latin

1. Quels noms propres de personnages et de lieux situent cette histoire dans un environnement latin ?
2. Relevez les noms de nymphes et de dieux qui se rapportent au monde de la campagne. En connaissez-vous d'autres ?
3. Comparez le texte *Pomone, la déesse des vergers*, au texte I (*Les quatre âges de l'humanité*, lignes 14 à 26). Relevez les éléments de ressemblance. Quelle différence essentielle trouve-t-on entre ces deux descriptions ?
4. Consultez l'article « Saturne » du *Dictionnaire de la mythologie grecque et latine* de Pierre Grimal (page 415).

Une entreprise de séduction

1. Retrouvez dans les diverses apparences que prend Vertumne des termes déjà repérés dans le début du texte. Quel est, selon vous, le sens de ces répétitions ?
2. Lesquels de ces déguisements sont susceptibles de plaire le plus à Pomone ? Classez-les par ordre croissant d'intérêt.
3. Pour tenter de séduire Pomone, Vertumne utilise, dans le discours qu'il lui adresse, une figure de style que vous connaissez. Nommez-la et jugez dans le contexte de son efficacité.
4. A l'appui de son argumentation, Vertumne invoque deux déesses redoutables.

— Sachant qu'Idalion était une ville située à l'intérieur de l'île de Chypre, précisez qui est « la déesse d'Idalion qui déteste les cœurs durs ». Son invocation vous paraît-elle justifiée dans le contexte ?

— Némésis est la « déesse de Rhamnonte ». Cherchez dans un dictionnaire de mythologie ce qu'elle personnifie. Situez la ville de Rhamnonte sur la carte de la Grèce ancienne.

Pomone dans la littérature

Voici un poème de Baudelaire, extrait du recueil *Les Fleurs du mal, Tableaux parisiens*, XCIX :

Je n'ai pas oublié, voisine de la ville,
Notre blanche maison, petite mais tranquille ;
Sa Pomone de plâtre et sa vieille Vénus
Dans un bosquet chétif cachant leurs membres nus,
Et le soleil le soir ruisselant et superbe,
Qui, derrière la vitre où se brisait sa gerbe,
Semblait, grand œil ouvert dans le ciel curieux,
Contempler nos dîners longs et silencieux,
Répandant largement ses beaux reflets de cierge
Sur la nappe frugale et les rideaux de serge.

1. Expliquez les expressions du vers 3: « Pomone de plâtre » ; « vieille Vénus » .

2. Après avoir relu le début du texte intitulé *Pomone, la déesse des vergers,* quels rapports pouvez-vous établir entre la « Pomone de plâtre » et le « bosquet chétif » ?

Mise en pages : Océania Communication

Aubin Imprimeur
LIGUGÉ, POITIERS

Achevé d'imprimer en mai 1997
N° d'impression L 53840
Dépôt légal mai 1997 / Imprimé en France